Buch:

Die private Altersvorsorge ist eine Lebensaufgabe. Je nachdem, wie gut oder schlecht in jungen Jahren geplant und vorgesorgt wurde, fallen auch die finanzielle Ausstattung und die Lebensqualität im Alter aus.

Weil mit der gesetzlichen Rentenversicherung allein der gewohnte Lebensstandard nicht gehalten werden kann, kommt niemand umhin, sich Gedanken zur privaten Altersvorsorge zu machen. In diesem Buch werden Schritt für Schritt die Vorgehensweise und das nötige Grundwissen vermittelt und anhand von Zahlenbeispielen vergleichbar gemacht.

Autor:

Maik Feldmann, geboren 1983 in Sachsen, studierte Volkswirtschaftslehre an der Ludwig-Maximilians-Universität in München und ist Versicherungs- und Finanzmakler von Beruf. Besonderer Schwerpunkt dabei sind die private Altersvorsorge und die Erstellung ausgewogener Anlagestrategien.

Weiterhin ist der Autor Geschäftsführer der RoFelMa GmbH & Co. KG, einer unabhängigen Immobilienbeteiligungsgesellschaft, mit der informierte Anleger provisionsfrei in ein diversifiziertes Immobilienportfolio investieren können.

Maik Feldmann

Sorgenfrei
im Alter

ein Praxisratgeber für die private Altersvorsorge

Bibliografische Information der Deutschen Nationalbibliothek :

Die Deutsche Nationalbibliothek verzeichnet diese Publikation in der Deutschen Nationalbibliografie; detaillierte bibliografische Daten sind im Internet über **http://dnb.d-nb.de** abrufbar.

Der Autor steht für Fragen, Anregungen, Kritik und Diskussionen gerne zur Verfügung.

Sie erreichen Ihn unter info@MaikFeldmann-Finanz.de

©2011 Maik Feldmann
Umschlaggestaltung: Maik Feldmann
Verlag: tredition GmbH, Mittelweg 177, 20148 Hamburg
Printed in Germany
ISBN: 978-3-8424-2218-6

Inhaltsverzeichnis

Vorwort

Die private Altersvorsorge: Jeder hat schon einmal davon gehört. Die meisten haben sich schon ernsthaft Gedanken darüber gemacht. Einige haben auch ein Altersvorsorgeprodukt abgeschlossen. Aber nur wenige haben auch wirklich ausreichend vorgesorgt. So zumindest lassen sich meine Erfahrungen aus dem beruflichen Alltag als Versicherungs- und Finanzmakler zusammenfassen.

Die Tücke liegt unter anderem darin, dass der Ruhestand noch in weiter Ferne liegt und die heutigen Rentner noch vergleichsweise gut mit der eigenen Rente auskommen. Das Problem wird deshalb sehr oft unterschätzt und es fällt nicht schwer, das Thema auf die lange Bank zu schieben. Doch schauen wir uns einmal einen durchschnittlichen Deutschen an: Dieser arbeitet im Schnitt 37,5 Jahre lang, um sich danach zur Ruhe zu setzen. Die mittlere Lebenserwartung der heute 65-jährigen liegt für Männer bei einem Alter von 82 und für Frauen bei einem Alter von 85 Jahren. Der Ruhestand eines durchschnittlichen Deutschen dauert folglich 17-20 Jahre. Dies ist eine ziemlich lange Zeit – und es liegt heute an Ihnen, die Weichen so zu stellen, dass Sie diesen Lebensabschnitt würdig genießen können.

Die gute Nachricht ist: Es gibt mittlerweile unzählige Möglichkeiten, um für das Alter vorzusorgen, so dass sich für wirklich jeden eine passende Lösung finden lässt – ganz gleich, ob mit oder ohne staatliche Förderung. Doch genau das ist auch der große Schwachpunkt: Aufgrund dieser unermesslichen Vielfalt ist es sogar als Profi eine echte Herausforderung, den Überblick zu behalten. Es ist durchaus verständlich, wenn sich so mancher nicht die Mühe machen möchte, sich über Tage und Wochen in die Thematik einzuarbeiten und im Endeffekt dann einfach das erstbeste Produkt abschließt, das aus der Werbung bekannt ist.

Doch es ist möglich, eine gute Altersvorsorge auf die Beine zu stellen. Wie bei fast jeder anderen komplizierten Fragestellung, lässt sich mit Struktur und systematischem Vorgehen auch der privaten Altersvorsorge auf den Grund gehen: Im ersten Teil werden die wesentlichen Grundlagen gelegt, bevor überhaupt mit der Altersvorsorge begonnen werden kann. Im zweiten Teil werden die verschiedenen Formen der staatlich geförderten Altersvorsorge vorgestellt. Dabei wird nicht nur auf die staatliche Förderung an sich eingegangen, sondern auch auf die verschiedenen Stolperfallen und Nachteile, die viel zu oft übersehen oder einfach ignoriert werden. Außerdem finden sich dort viele Beispiele und Berechnungen, die dem zugegebenermaßen sehr trockenem Thema zu etwas mehr Anschaulichkeit verhelfen. Der dritte Teil widmet sich der privaten Vorsorge ohne staatliche Förderung, verschafft einen Überblick über die verschiedenen Möglichkeiten und gibt Tipps, wie am besten damit umgegangen werden soll. Teil vier widmet sich dem „Klassiker" der privaten Altersvorsorge: Der Immobilie. Im fünften Teil schließt sich der Kreis und Sie erhalten eine Anleitung, wie Sie Schritt für Schritt das bisher erlangte Wissen auch in die Praxis umsetzen können.

Ein gängiges Sprichwort zur privaten Altersvorsorge lautet: „Die schlechteste Altersvorsorge ist gar keine Altersvorsorge". Ich beglückwünsche Sie zu dem Entschluss, sich auf dieses anstrengende und unbequeme Thema einzulassen. Ich bin zuversichtlich, dass Sie mit Hilfe dieses Buches einer guten Lösung und einem sorgenfreien Lebensabend näher kommen werden.

Taufkirchen (b. München), im August 2011

Maik Feldmann

Die persönliche Ausgangssituation

Die eigene Altersvorsorge ist eine höchst persönliche Angelegenheit, bei der es immer um sehr viel Geld geht. Gerade dann sollten Sie sich strategisch und systematisch damit auseinandersetzen. Im Zusammenhang mit dem Thema Altersvorsorge denken viele gleich über die Lösung des Problems nach, ohne jedoch das Problem an sich erfasst zu haben. Bevor Sie sich damit auseinandersetzen, welches Produkt Sie in welcher Höhe abschließen wollen, sollten Sie zuerst wissen, wie Sie heute und jetzt dastehen. Dazu gehört vor allem, dass Sie sich zuerst für das Hier und Jetzt wappnen und sich gegen die grundlegendsten Risiken absichern. Außerdem sollten Sie sich die Zeit nehmen, Ihren persönlichen Altersvorsorgebedarf zu ermitteln – denn wie wollen Sie richtig vorsorgen, wenn Sie nicht das Ziel Ihrer Bemühungen kennen?

Risikoabsicherung

Risikoabsicherung geht vor! Bevor Sie sich Gedanken über Altersvorsorge, Zulagen, Rentenversicherungen, Geldanlage usw. machen, sollten Sie sich vorher unbedingt um die Absicherung der wichtigsten Risiken bemühen. Denn nur so sind Sie auch finanziell in der Lage, eine langfristige Planungssicherheit in Ihre Altersvorsorge zu bekommen.

Gemeint sind dabei wirklich existenzbedrohende Risiken, wie Einkommensausfälle oder Schadensersatzforderungen. Daneben gibt es natürlich unzählige weitere Risiken, gegen die Sie sich absichern können. Doch sofern diese nicht gleich existenzbedrohend sind, ist es kein unbedingtes Muss, dafür gleich eine Versicherung abzuschließen. Zum Beispiel können Zahnzusatzversicherungen sehr nützlich sein. Aber da bei den meisten Personen auch komplexe Zahnbehandlungen nicht gleich zum Bankrott führen, ist die Zahnzusatzversicherung kein Muss. Nachfolgend sind die wichtigsten Risiken aufgeführt und es wird aufgezeigt, mit welchen Produkten Sie sich vor den finanziellen Folgen schützen können.

Private Haftpflichtversicherung

Die wohl wichtigste Versicherung, um die wirklich niemand herum kommt, ist die private Haftpflichtversicherung. Wenn Sie jemandem Schaden zufügen – ganz gleich ob Sach-, Personen- oder Vermögens- schäden – dann haften Sie dafür. Auch wenn Sie noch so vorsichtig sind, Sie können sich vor diesem Risiko nicht völlig schützen. Es genügt bereits, wenn Sie zur falschen Zeit am falschen Ort sind. Was viele in diesem Zusammenhang oft übersehen: Schadensersatzansprüche können richtig teuer werden. Kleinere Ungeschicke könnten Sie sicherlich auch aus eigener Tasche begleichen – dafür benötigen Sie keine Haftpflicht- versicherung. Doch wenn beispielsweise Personen zu Schaden kommen, dann können die Summen sehr schnell sechs- bis siebenstellige Werte annehmen. Genau hier zeigt sich der wahre Wert einer Privathaftpflicht- versicherung, denn diese übernimmt den Schaden, solange Sie diesen nicht vorsätzlich oder grob fahrlässig verursachen. Vor Ungeschicken und dem sprichwörtlichen Pech können Sie sich nicht schützen, vor den finanziellen Folgen dagegen schon. Gute Privathaftpflichtversicherungen gibt es oft schon unter 100 Euro im Jahr. Deshalb sollte wirklich jeder eine solche Absicherung besitzen.

Gebäudeversicherung

Eigentümer einer Immobilie sollten auf jeden Fall über eine Gebäude- versicherung verfügen. Die wesentlichen Risiken für ein Gebäude sind Feuer, Sturm und Wasser. Besonders um die Weihnachtszeit zeigt sich jedes Jahr aufs Neue, dass auch bei modernster Bauweise Brände immer noch eine erhebliche Gefahr für eine Immobilie darstellen. Dass Stürme ein Gebäude komplett zerstören, ist zum Glück äußerst selten. Aber die Kosten bei abgedeckten Dächern oder eingedrückten Fenstern allein sind schon sehr hoch, hinzu kommt oft noch ein kräftiger Wasserschaden, weil in der Regel auch noch Regenwasser eindringt. Nicht nur, dass solche Schäden an sich schon teuer sind, sehr oft stecken auch die gesamten persönlichen Ersparnisse in einer Immobilie, bzw. sind noch zusätzlich

Schulden aufgenommen worden. Gerade dann kann ein großer Schaden am Haus sehr schnell zum persönlichen Ruin führen. Dies kann dann auch solche treffen, die finanziell bisher relativ solide aufgestellt waren – schlicht weil der Schaden die eigenen finanziellen Möglichkeiten sprengt. Deshalb gilt hier die allgemeine Empfehlung für jeden Immobilieneigentümer: Sichern Sie sich ab mit einer Wohngebäudeversicherung! Diese übernimmt die Aufwendungen für Reparatur und Wiederaufbau und kostet nicht die Welt. Sehr oft macht es auch Sinn, zusätzlich eine „Elementardeckung" zu vereinbaren. Für einen durchaus bezahlbaren Beitragszuschlag ist Ihr Gebäude dann auch vor Naturgefahren wie Überschwemmung, Lawinen, Erdbeben oder Schneedruck abgesichert.

Ihre persönliche Arbeitskraft

Fast alle Menschen auf der Welt sichern sich Ihre Existenz mittels ihrer Arbeitskraft. Ob angestellt oder selbständig, mit der eigenen täglichen Arbeit verdienen Sie Ihr Geld, von dem Sie Ihren Lebensunterhalt bestreiten. Fällt die Arbeitskraft weg, zum Beispiel durch Krankheiten, Unfälle oder normalen Verschleiß, dann fällt für die meisten auch das gesamte Einkommen weg. Zwar ist das deutsche soziale Netz im weltweiten Vergleich vorbildlich und fängt eine große Zahl der Betroffenen auf, doch für mehr als ein Existenzminimum wird es oft nicht mehr reichen. An den Aufbau einer privaten Altersvorsorge kann dann nicht mehr gedacht werden: Denn die private Altersvorsorge funktioniert fast immer so, dass ein bestimmter monatlicher Betrag für das Alter zurückgelegt wird. Doch wenn die Arbeitskraft schwindet, können in der Regel auch diese Beiträge nicht mehr bedient werden.

Schaut man sich ein wenig die Datenlage an, zeigt sich, wie akut das Problem ist: Im Schnitt ist jeder Vierte aus gesundheitlichen Gründen nicht in der Lage, bis zum Ruhestand zu arbeiten. Bei gefährlichen Berufen, wie zum Beispiel Dachdecker, sogar ca. 60%. Bei den Ursachen ist besonders die Entwicklung der psychischen Erkrankungen alarmierend: Waren im Jahr 1993 nur 15% der gesetzlichen Erwerbsminderungsrenten auf psychische Erkrankungen zurückzuführen, hat sich dies auf 38% in 2009 mehr als verdoppelt. Der Trend zeigt aufgrund einer steigenden Arbeitsbelastung und veränderten Anforderungen weiter nach oben.

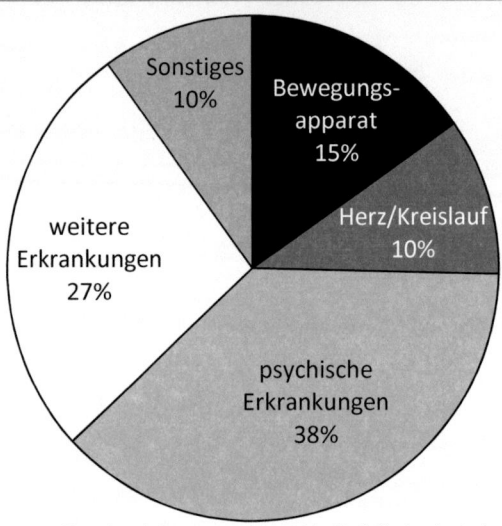

Gründe für Berufsunfähigkeit und Erwerbsminderung

Quelle: Neuzugänge Erwerbsminderungsrenten 2009, Statistik der deutschen Rentenversicherung

Da nicht nur Ihr jetziger Lebensstandard, sondern auch der im Alter in ganz besonderer Weise von Ihrer Arbeitskraft abhängen, sollten Sie nicht nur alles daran setzen, diese zu erhalten – gesund leben und keine unnötigen Gefahren wagen – sondern Sie sollten sich auch finanziell absichern.

<u>Berufsunfähigkeitsversicherung</u>

Die klassische Absicherung, die auch durchweg von allen Beratern, Experten und Verbraucherschutzorganisationen empfohlen wird, ist die Berufsunfähigkeitsversicherung. Diese zahlt Ihnen eine monatliche Rente, wenn ein Arzt feststellt, dass Sie Ihren derzeitigen Beruf aus gesundheitlichen Gründen für mindestens ein halbes Jahr nicht mehr ausüben können. Bei diesem Produkt gibt es sehr viele verschiedene Tarife am Markt mit teilweise deutlichen Unterschieden bei den Versicherungsbedingungen. Deshalb ein gut gemeinter Rat: Lassen Sie sich kompetent und unabhängig beraten und schließen Sie eine Berufsunfähigkeitsversicherung nur dann ab, wenn Sie die wesentlichen Details und Kriterien auch wirklich verstanden haben. Leider kommt es viel zu oft vor, dass Berufsunfähige aufgrund einer Klausel im Versicherungsvertrag keine Berufsunfähigkeitsrente bekommen oder diese erst langwierig einklagen müssen. Wenn Sie sich vorher bereits gut informiert und einen bedarfsgerechten Tarif abgeschlossen haben, lassen sich die meisten Streitigkeiten von vornherein vermeiden.

Ein großes Problem bei der Berufsunfähigkeitsversicherung liegt darin, dass Sie diese oft nur abschließen können, wenn Sie noch völlig gesund sind. Haben Sie bereits Vorerkrankungen oder Beschwerden, kommt es oft vor, dass der Versicherer Sie nur mit Risikoausschlüssen annimmt oder sogar komplett ablehnt. Um Ihre Arbeitskraft dennoch absichern zu können gibt es noch Alternativen zur Berufsunfähigkeitsversicherung, falls diese aus irgendwelchen Gründen nicht möglich oder sinnvoll sein sollte.

Erwerbsunfähigkeitsversicherung

Da gibt es zum einen die Erwerbsunfähigkeitsversicherung. Diese zahlt, ähnlich, wie bei der Berufsunfähigkeitsversicherung, eine monatliche Rente, mit dem Unterschied, dass hier die Hürde um einiges höher liegt. Denn Leistungsgrundlage ist nicht nur, dass Sie berufsunfähig sind, sondern auch, dass Sie außerstande sein müssen, jeden anderen angemessenen Beruf auszuüben. Solche Fälle sind in der Praxis um einiges seltener und auch noch schwieriger nachzuweisen, denn es findet sich sehr oft noch irgendein angemessener Beruf, Verweisungsberuf genannt, in dem Sie theoretisch noch arbeiten könnten. Ob Sie dann auch wirklich eine Stelle bekommen, ist dabei ohne Belang. Im Gegenzug sind natürlich auch die monatlichen Beiträge deutlich geringer im Vergleich zur Berufsunfähigkeitsversicherung. Besonders bei berufsspezifischen Vorerkrankungen, z.B. Bäcker mit einer Mehlstauballergie, ist es praktisch unmöglich, eine Berufsunfähigkeitsversicherung abzuschließen. Eine Erwerbsunfähigkeitsversicherung jedoch würde solche Personen in der Regel versichern, da die Rente und die Bedingungen nicht auf den aktuellen Beruf begrenzt sind. Die Erwerbsunfähigkeitsversicherung ist keinesfalls eine vollwertige Alternative zur Berufsunfähigkeitsversicherung, aber als grundlegender Basisschutz sinnvoll für alle, die keine Berufsunfähigkeitsversicherung abschließen können.

Dread-Disease-Versicherung

Eine weitere, sehr interessante Auswahlmöglichkeit ist die sogenannte „Dread-Disease-Versicherung", frei übersetzt auch als „Schwere-Krankheiten-Vorsorge" bekannt. Diese Versicherung stammt ursprünglich aus dem angelsächsischen Raum und wird erst seit einigen Jahren in Deutschland angeboten. Solch eine Versicherung zahlt Ihnen einen festen, vorher vereinbarten Betrag, sobald eine der versicherten schweren Krankheiten bei Ihnen endgültig diagnostiziert wird. Dazu gehören vor allem Krebs, Herzinfarkt und Schlaganfall. Oft sind auch noch weitere Zivilisationskrankheiten, wie Multiple Sklerose, Alzheimer, Hirnhautentzündung, Organversagen und vieles mehr versichert.

Ein nicht zu unterschätzender Vorteil hierbei liegt in der Klarheit und der Eindeutigkeit der Leistungskriterien: Die versicherten schweren Krankheiten lassen sich eindeutig diagnostizieren, naturgemäß gibt es hierbei kaum Interpretationsmöglichkeiten. Deshalb sind Streitigkeiten mit der Versicherung relativ selten. Bei der Feststellung einer Berufsunfähigkeit dagegen gibt es weitaus mehr Ermessensspielraum und viele Versicherungen nutzen diesen auch aus, so dass nicht wenige Berufsunfähigkeitsleistungen mit Hilfe eines Anwaltes erstritten werden müssen.

Aber leider können Sie auch mit der Dread-Disease-Versicherung nicht Ihre gesamte Arbeitskraft absichern, dies kann eigentlich nur eine Berufsunfähigkeitsversicherung. Insbesondere psychische Erkrankungen und die meisten Beschwerden bei Knochen, Gelenken und Muskeln sind nicht eingeschlossen. Da mittlerweile, angesichts von Bewegungsmangel, unausgewogener Ernährung und zunehmender beruflicher Überforderung auch die modernen Zivilisationskrankheiten hierzulande fast schon zum Alltag gehören, ist diese Versicherung dennoch sehr nützlich. Zum einen natürlich als Basisschutz für alle, die keine normale Berufsunfähigkeitsversicherung abschließen können, aber auch als zusätzliche Ergänzung zu einer bereits bestehenden Berufsunfähigkeitsversicherung kann die Dread-Disease-Versicherung abgeschlossen werden.

Die Dread-Disease-Versicherung ist noch ein Nischenprodukt. Kaum ein deutscher Versicherer hat diese derzeit im Angebot. Wenn Sie eine solche Versicherung abschließen wollen, sollten Sie sich an einen Versicherungsmakler wenden, in der Regel kann dieser Ihnen eine passende Dread-Disease-Versicherung anbieten.

Grundfähigkeitsversicherung

Eine dritte Alternative ist die eher unbekannte Grundfähigkeitsversicherung. Auch sie kommt aus dem angelsächsischen Raum. Mit der Grundfähigkeitsversicherung können Sie nicht direkt Ihre Arbeitskraft absichern, aber – wie der Name bereits vermuten lässt – grundlegende Fähigkeiten. Wenn Sie bestimmte Grundfähigkeiten verloren haben oder bestimmte Tätigkeiten nicht mehr durchführen können, dann erhalten Sie die Versicherungsleistung. Versicherte Grundfähigkeiten sind zum Beispiel: Sehen, Sprechen, Hören, Gehen oder Treppen steigen. Dabei ist es im Prinzip unerheblich, wie die Beeinträchtigung entstanden ist – ob durch Unfall, Krankheit oder als schleichender Prozess. Dies ist ein großer Vorteil, insbesondere im Vergleich zur Unfallversicherung. Dagegen sind auch hier Leistungen aufgrund psychischer Erkrankungen weitestgehend ausgeschlossen. Auch diese Art der Versicherung können Sie meist nur über einen Versicherungsmakler abschließen.

Unfallversicherung

Vielen fällt als vierte Möglichkeit noch die Unfallversicherung ein. Doch gerade diese kann und wird dem Anspruch nicht gerecht werden, eine echte Alternative zur Berufsunfähigkeitsversicherung zu sein. Wie der Name schon erkennen lässt, ist die Leistung auf Unfälle begrenzt. Hinzu kommt: Viele denken irrtümlich, dass die eigene Unfallversicherung sofort zahlt, wenn sie einen Unfall haben. Doch so einfach ist es leider nicht. Um die Unfallsumme oder einen Teil davon zu erhalten, müssen Sie nicht nur einen Unfall erleiden, es müssen auch noch Körperteile von Ihnen dauerhaft funktionsunfähig werden. Die Tücke liegt im Begriff dauerhaft, denn dank der modernen Medizin ist es möglich, dass auch schwerere Unfallverletzungen wieder ausheilen und in der Folge die Unfallversicherung keinen Cent zahlt. Hinzu kommt, dass nur etwa 10% aller Berufsunfähigkeiten auf Unfälle zurückzuführen sind – die überwiegende Mehrheit hat Erkrankungen, Verschleiß oder Kräfteverfall als Ursache. Eine Unfallversicherung ist keinesfalls ein schlechtes Produkt, doch diese ist einfach zu einseitig, um eine vollwertige Alternative zur Berufsunfähigkeitsversicherung zu sein. Als ergänzende Zusatzabsicherung, zum Beispiel zusammen mit einer Dread-Disease-Versicherung, kann sie jedoch einen sehr nützlichen Teil der persönlichen Vorsorge darstellen.

Obwohl alle vorgestellten Produkte einen echten Mehrwert bieten, sind diese keine hundertprozentige Alternative zur Berufsunfähigkeitsversicherung. Diese ist und bleibt das Nonplusultra, wenn es um die Absicherung der Arbeitskraft geht. Wenn Sie die Möglichkeit haben, eine gute Berufsunfähigkeitsversicherung zu einem fairen Beitrag abzuschließen, dann sollte dies Ihre erste Wahl sein. Erst wenn das nicht möglich ist oder wenn Sie sich zusätzlich absichern möchten, dann können Sie auch über die anderen vorgestellten Produkte nachdenken.

Todesfallabsicherung

Zugegeben, es fällt nicht leicht, an den eigenen Tod zu denken, vor allem, wenn Sie noch jung und fit sind. Doch wenn man sich einmal mit den finanziellen Folgen eines plötzlichen Endes beschäftigt, zeigt sich schnell, dass sehr oft Handlungsbedarf besteht. Wenn Sie Single sind und derzeit nur sich selbst versorgen müssen, dann brauchen Sie in der Regel keine oder nur eine geringe Todesfallabsicherung. Natürlich ist es ein tragisches Ereignis, doch von der finanziellen Seite her gesehen ist niemand von Ihnen abhängig und eine Todesfallabsicherung ist kein absolutes Muss. Doch sobald andere direkt von Ihnen persönlich oder indirekt von Ihrem Einkommen abhängig sind, ist eine Hinterbliebenen-absicherung enorm wichtig. Wenn Sie alleiniger oder wesentlicher Versorger einer Familie sind, Darlehen oder Finanzierungen bedienen müssen oder beispielsweise auch Angehörige pflegen, dann sind die finanziellen Folgen Ihres möglichen Ablebens enorm. Von der gesetzlichen Rentenversicherung erhalten Ihre Angehörigen zwar eine Witwen- oder Waisenrente, doch diese Renten sind nicht hoch genug, um Ihr bisheriges Einkommen komplett zu ersetzen und in der Regel auch zeitlich begrenzt. Wenn Sie nicht in der gesetzlichen Rentenversicherung versichert sind, entfallen Witwen- und Waisenrenten komplett.

Mit einer Risikolebensversicherung können Sie für diesen Fall vorsorgen. Für einen ausreichenden Versicherungsschutz sollte die Versicherungssumme mindestens das dreifache Jahresgehalt betragen. Wenn zusätzlich noch Kinder versorgt werden müssen, sind mindestens vier bis fünf Jahresgehälter zu empfehlen. Haben Sie noch Schulden, Darlehen oder Baufinanzierungen, dann kommt diese Summe noch obendrauf.

Die Risikolebensversicherung hat eine feste Laufzeit und wenn Sie in dem versicherten Zeitraum versterben sollten, dann wird die Versicherungssumme ausgezahlt. Wenn Sie das Ende der Laufzeit erleben, dann erlischt die Versicherung. Alternativ wird oft noch die Kapital-lebensversicherung angeboten. Auch diese hat eine feste Laufzeit, doch am Ende der Laufzeit erhalten Sie die Versicherungssumme plus Überschüsse ausgezahlt, was oft als Werbebotschaft genutzt wird. Aber Vorsicht: Von der Kapitallebensversicherung als Todesfallschutz kann in den meisten Fällen nur abgeraten werden. Denn um diese Versicherung zu finanzieren ist Ihr Beitrag um ein Vielfaches höher als bei der Variante der Risikolebensversicherung. Im Endeffekt haben Sie eine normale, günstige Risikolebensversicherung zusammen mit einer Geldanlage in einem Versicherungsvertrag auf sehr unflexible Weise miteinander verknüpft. Nicht ohne Grund raten fast alle Experten und Verbraucherverbände davon ab, Risikoabsicherung und Sparen auf diese Weise zu kombinieren: Allein von den Zahlen her ist kein großer Nachteil zu erkennen. Doch was passiert, wenn Sie kurzfristig einmal knapp bei Kasse sind und sich den hohen Beitrag nicht mehr leisten können? Gerade weil der Beitrag um einiges höher ist, kann dies hier auch eher eintreten. Bei einer Beitragsfreistellung erlischt oft der Todesfallschutz und bei Kündigung können Sie nur das gesamte Produkt kündigen und stehen dann ohne Todesfallschutz da. Sinnvoller ist es meistens, eine günstigere Risikolebensversicherung allein für den Todesfall abzuschließen und das Sparen mit eigenen attraktiven Produkten durchzuführen. Die Risikolebensversicherung ist in der Regel günstig genug, dass Sie diese jederzeit bezahlen könnten und im Notfall können Sie dann die Beiträge zu den Sparprodukten aussetzen.

Beim Abschluss einer Risikolebensversicherung sollten Sie viele verschiedene Angebote vergleichen, denn die Preisunterschiede können gewaltig sein. Sie können natürlich unzählige Angebote bei den verschiedenen Gesellschaften anfordern oder aber mit Hilfe eines Versicherungsmaklers viele verschiedene Tarife auf einmal vergleichen und sich dann für den günstigsten entscheiden. Dies erspart Ihnen viel Mühe und Sie haben einen Experten an Ihrer Seite.

Wenn Sie sich gegen die elementaren Risiken mit Privathaftpflichtversicherung, Berufsunfähigkeitsversicherung, Risikolebensversicherung und evtl. Gebäudeversicherung abgesichert haben, sind Sie vor den schlimmsten finanziellen Gefahren des Alltags geschützt und auch langfristig besser in der Lage, Ihre Sparleistung für die private Altersvorsorge aufrecht zu erhalten. Diese vier Grundabsicherungen sind natürlich nur das allernötigste Fundament einer umfassenden Risikovorsorge. Es gibt noch weitere Absicherungen, wie die Krankenzusatz-,

Pflege-, Hausrat- und Rechtsschutzversicherung, die alle kein absolutes Muss sind, aber bei manchen Sinn machen und bei manchen eher nicht. Mit den Details könnte man ein eigenes Buch füllen. Dieses Buch, das Sie gerade in den Händen halten, dreht sich jedoch um Ihre persönliche Altersvorsorge, deswegen werden diese Versicherungen hier nicht genauer betrachtet. Im Zweifelsfall wenden Sie sich bitte an einen kompetenten Experten.

Der persönliche Altersvorsorgebedarf

Die Erfahrung zeigt, dass die meisten Deutschen ein falsches Bild von der eigenen Vorsorgesituation haben, weil sie diese schlicht und einfach nicht kennen. Die Bandbreite dieser Fehleinschätzung ist hierbei sehr groß: Sehr häufig wird immer noch geglaubt, die gesetzliche Rente wird schon reichen. Dabei liegt diese für sehr viele unter dem Existenzminimum – Hartz IV beziehungsweise Grundsicherung werden die Folge sein. Dagegen gibt es auf der anderen Seite der Fehleinschätzungen noch die richtigen „Sparmeister". Diese sind bereits mehr als ausreichend abgesichert, legen aber trotzdem jeden verfügbaren Cent für später zurück. Ganz gleich bei welchem Extrem, wenn Sie sich Ihrer eigenen Situation und den damit verbundenen Folgen für heute und später bewusst sind, dann hat das durchaus seine Berechtigung. Problematisch ist es vielmehr, wenn Sie falsch vorsorgen, ohne dass Sie überhaupt wissen, dass die jetzige Vorsorgesituation verbesserungswürdig ist.

Um dieser Ungewissheit ein Ende zu bereiten, lernen Sie in diesem Kapitel, wie Sie Schritt für Schritt Ihre Vorsorgelücke schätzen können und wie viel Kapital ungefähr benötigt wird, um diese Lücke im Alter zu schließen. Diese Lücke ist die Grundlage jeder systematischen Altersvorsorgeplanung. Darauf aufbauend können Sie sich dann voll und ganz auf die Lösungsmöglichkeiten konzentrieren. Denn jede Entscheidung kann nur so gut sein, wie die Informationen aufgrund deren diese getroffen wurde. Das Grundproblem: Die Deutschen werden immer älter. Seit 1970 ist die Lebenserwartung der Rentenbezieher um ca. 5 Jahre gestiegen, folglich müssen auch die Renten länger gezahlt werden als noch vor 40 Jahren. Ein heute 65-jähriger Mann kann damit rechnen, 82 Jahre alt zu werden. Bei heute 65-jährigen Frauen liegt die Lebenserwartung sogar bei einem Alter von 85 Jahren. Dazu kommt, dass der Rentenversicherung allmählich die Beitragszahler ausgehen. Einmal aufgrund der geringen Geburtenrate, aber auch weil die sogenannte „Babyboomer-Generation" langsam ins Rentenalter kommt: Im Jahr 2000 haben noch 4 Beitragszahler einen Rentner finanziert, im Jahr 2040 verringert sich dieses Verhältnis sehr wahrscheinlich auf 2:1.

Dies geht natürlich nicht spurlos an der Altersvorsorge vorbei: Entweder die Beiträge werden steigen oder aber die Renten müssen sinken. Die Rentenreformen der letzten 11 Jahre zeigen sehr deutlich, welcher Weg eingeschlagen wurde: Die Kürzung der Renten. Wissenschaftler der Universität Mannheim haben ausgerechnet, dass die gesetzliche Rente von 2002 bis 2030 um insgesamt 15% gekürzt wird.

Fazit: Die gesetzliche Rente reicht oft nicht mehr. Diese Gewissheit ist mittlerweile auch bei den meisten Bürgern angekommen und sehr viele sorgen sich zu Recht um ihren Ruhestand. Auch in den offiziellen Dokumenten und Publikationen von Bundesregierung und der deutschen Rentenversicherung ist immer wieder die Rede davon, dass die gesetzliche Rente allein nicht mehr in der Lage ist, den Lebensstandard im Alter halten zu können. Wenn nicht einmal mehr die Politik und die Rentenversicherung selbst versuchen, die Situation zu beschwichtigen, dann muss die Lage wirklich ernst sein, sofern Sie Ihre Vorsorge nicht in die eigenen Hände nehmen. Private Vorsorge ist also Pflicht für jeden, der auch im Alter ohne finanzielle Engpässe leben möchte.

Doch wie groß ist eigentlich die Lücke zwischen Lebensunterhalt und Rente? Wie viel wird Ihnen im Portemonnaie fehlen, wenn Sie sich ausschließlich auf die gesetzliche Rente verlassen? Dies sind die Fragen, die Sie sich in diesem Zusammenhang stellen sollten. Der persönliche

Vorsorgebedarf liefert die Antwort auf diese Fragen und ist gleichzeitig der Ausgangspunkt einer jeden guten Altersvorsorgeplanung. Aber wie Sie diesen in der Praxis ermitteln können, ist jedoch nicht so einfach, wie es auf den ersten Blick scheinen mag: Der Ruhestand liegt in der ferneren Zukunft – wie sollen Sie heute bereits wissen, was Sie später für Ihren Lebensunterhalt benötigen? Es ist zwar durchaus möglich, diesen in etwa abzuschätzen, doch hundertprozentige Genauigkeit können Sie davon natürlich nicht erwarten.

Mit dem hier vorgestellten Fahrplan können Sie Schritt für Schritt Ihren tatsächlichen Vorsorgebedarf schätzen:

Fahrplan Altersvorsorgebedarf

1. Ausgaben für den Lebensunterhalt im Alter schätzen

2. Preissteigerung berücksichtigen

3. Einnahmen im Alter schätzen

4. Steuern und Abgaben abziehen

5. Ausgaben - Einnahmen = Lücke

6. Kapitalbedarf errechnen

Schritt 1: Kassensturz; Ausgaben für den Lebensunterhalt schätzen

Im Prinzip geht es bei der Bedarfsermittlung darum, Ihre Ausgaben und Ihre Einnahmen im Alter zu vergleichen. Wenn Ihre Ausgaben nicht ausreichen, um die Einnahmen abzudecken, dann haben Sie eine sogenannte Rentenlücke. Diese gilt es zunächst einmal zu ermitteln und danach mit einem sinnvollen Vorsorgekonzept zu schließen.

Beginnen wir mit der Ermittlung Ihrer Einnahmen im Alter: Eine einfache Methode ist es, einfach die durchschnittlichen Ausgaben der heutigen Rentner zu nehmen. Laut den Angaben des statistischen Bundesamtes lagen die monatlichen Lebenshaltungskosten alleinlebender

Rentner bei knapp 1.300€ im Monat. Dieser Durchschnittswert unterscheidet sich natürlich zwischen den einzelnen Ruheständlern. Dennoch gibt uns dieser Wert einen Hinweis, in welche Richtung sich die Planung in etwa orientieren sollte.

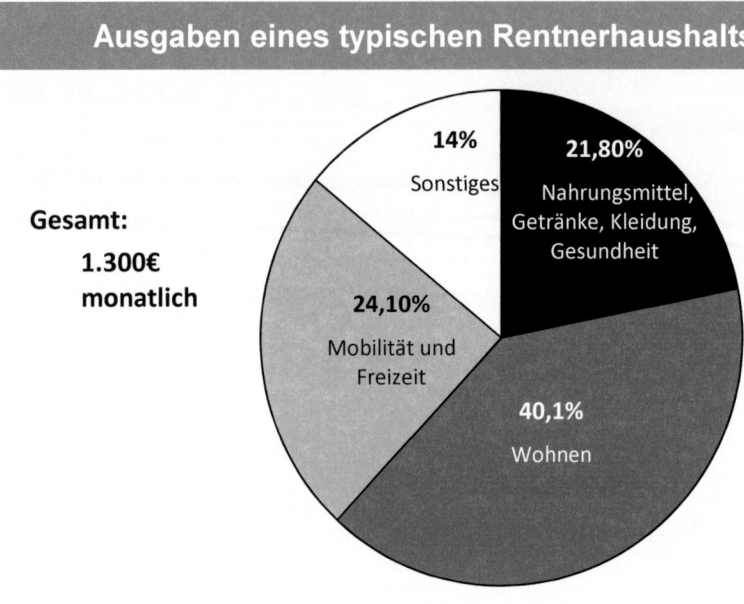

Quelle: Statistisches Bundesamt

Schaffen Sie sich einmal einen Überblick über Ihre jetzige Ausgabensituation. Wie viel geben Sie derzeit für Ihren Lebensunterhalt aus und was denken Sie, werden Sie im Alter benötigen? Manche Ausgaben werden im Alter sehr wahrscheinlich sinken: Die Kosten fürs Auto und öffentliche Verkehrsmittel zum Beispiel, da Sie im Ruhestand nicht mehr täglich zur Arbeit müssen und auch manche Versicherungen werden Sie im Alter nicht mehr benötigen, wie etwa eine Berufsunfähigkeitsversicherung.

Dagegen gibt es einige Ausgaben, die im Alter eher steigen werden: Zum einen können Sie erwarten, dass die Gesundheitskosten höher sein werden als noch heute. Damit sind nicht nur die Beiträge für die Krankenversicherung gemeint, sondern auch Kosten und Zuzahlungen für

Medikamente, Behandlungen oder Fahrten. Auch der Bereich der Freizeitgestaltung sollte nicht unterschätzt werden. Schließlich wollen Sie Ihre wohlverdiente freie Zeit im Ruhestand auch sinnvoll nutzen. Bitte nutzen Sie die folgende Liste und tragen Sie Ihren monatlichen Bedarf bei den einzelnen Rubriken ein. Wenn Sie alles zusammenrechnen, ergibt das Ihren monatlichen Bedarf im Alter.

geschätzte Ausgaben im Alter

	Ausgaben heute	Ausgaben im Ruhestand
Miete (entfällt bei selbstgenutztem Wohneigentum)	_____ €	_____ €
Nebenkosten, Heizung, Warmwasser, Strom, Telefon	_____ €	_____ €
Instandhaltungskosten Bei selbstgenutztem Wohneigentum	_____ €	_____ €
Essen und Trinken	_____ €	_____ €
Haushalt und Kleidung	_____ €	_____ €
Versicherungen (Lebensversicherung, Haftpflicht, Hausrat, Unfall, Rechtsschutz, Zahn usw.)	_____ €	_____ €
öffentliche Verkehrsmittel	_____ €	_____ €
Auto (Benzin, Reparaturen, Steuer)	_____ €	_____ €
Urlaub und Reisen	_____ €	_____ €
Freizeitgestaltung	_____ €	_____ €
Sonstiges (Haustiere, Geschenke, Mitgliedsbeiträge)	_____ €	_____ €
Summe Ihrer Ausgaben	_____ €	_____ €

Schritt 2: Preissteigerung berücksichtigen

Wenn Sie die Liste für den ersten Schritt der Bedarfsermittlung ausgefüllt haben, kennen Sie nun Ihren Bedarf für den Lebensunterhalt im Alter. Nun gilt es noch, die allgemeine Preissteigerung einfließen zu lassen – die Inflation.

Doch was ist das eigentlich – „Inflation"? Kurz zusammengefasst bedeutet dies: Alles wird teurer! Denn Inflation ist nichts anderes, als ein lang anhaltender Anstieg des allgemeinen Preisniveaus. In Deutschland wird die Teuerung anhand der Entwicklung des Verbraucherpreisindex gemessen. Beispielsweise haben sich seit 1991 die durchschnittlichen Verbraucherpreise um 49% erhöht. Oder anders gesagt: Die Lebenserhaltungskosten seit 1991 sind um die Hälfte gestiegen. Das entspricht einer offiziellen Inflationsrate von genau zwei Prozent. In den letzten Jahren wurden wir in Deutschland geradezu verwöhnt von einmalig niedrigen Preissteigerungsraten: Anlässlich der globalen Finanzkrise und des darauffolgenden Wirtschaftsabschwungs lagen die Preissteigerungsraten seit November 2008 durchweg unter 2 Prozent. Im Sommer 2009 ist das allgemeine Preisniveau sogar leicht gesunken. Doch gehen Sie nicht davon aus, dass die Inflationsrate weiterhin so niedrig bleiben wird. Der Wirtschaftsaufschwung seit 2010, die Konjunktur- und Rettungspakete der europäischen Staaten und der Zentralbanken und die derzeit anziehenden Inflationsraten in den globalen Schwellenländern werden nicht ohne Folgen auf die Preise in Deutschland und den übrigen Industrieländern bleiben. Bereits seit Anfang 2011 liegen die offiziellen Inflationsraten wieder über 2 Prozent und die Prognosen der führenden Wirtschaftsforschungsinstitute liegen derzeit (noch) bei 2,4 Prozent für 2011.

Allmählich kommt diese Thematik auch in den Köpfen der Bürger an: Laut einer Umfrage von Forsa im Auftrag des Deutschen Instituts für Altersvorsorge von Februar 2011 erwarten 86 Prozent der Deutschen steigende Preise in den nächsten Jahren. Außerdem erwarten nur 22% der Befragten eine Inflationsrate von weniger als zwei Prozent.

Vergisst man die Preissteigerungen bei der Altersvorsorgeplanung, kann das schwerwiegende Folgen haben. Denn für einen durchschnittlichen Bedarf von 1.300 Euro heutiger Kaufkraft benötigen Sie im Ruhestand einiges mehr, um genau diesen Lebensstandard zu bekommen. Nehmen wir an, die Preissteigerung verbleibt langfristig bei zwei Prozent, dann benötigen Sie für die heutige Kaufkraft von 1.300€ folgende Geldbeträge:

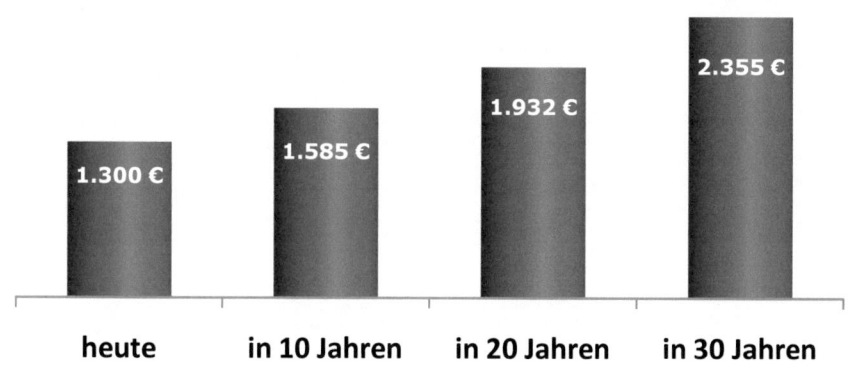

Soviel benötigen Sie für eine Kaufkraft von heutigen 1.300€

| heute | in 10 Jahren | in 20 Jahren | in 30 Jahren |

1.300 € — 1.585 € — 1.932 € — 2.355 €

Quelle: Eigene Berechnungen, Inflationsrate 2%

Der Bedarf vom ersten Schritt ist in Wirklichkeit also viel zu klein, da dieser noch die heutigen Preise als Grundlage hat, die Preise in Zukunft jedoch sehr wahrscheinlich höher sein werden.

Um auf Ihren tatsächlichen Bedarf zu kommen, müssen Sie noch die Inflation berücksichtigen. In der Tabelle 1 auf der nächsten Seite können Sie Ihren persönlichen Umrechnungsfaktor ermitteln. Wählen Sie links Ihre Zeile mit dem Zeitraum in Jahren, der Ihnen noch bis zum Ruhestand bleibt und oben die Spalte mit derjenigen Preissteigerungsrate, die für Sie am wahrscheinlichsten erscheint. Wenn Sie bei der Preissteigerungsrate unschlüssig sind: Die Währungshüter der europäischen Zentralbank haben als Ziel Ihrer Geldpolitik eine Preissteigerungsrate von knapp unter 2% festgelegt.

Tabelle 1
Umrechnungsfaktor zur Inflationsbereinigung

Inflations-rate Jahre	0,50%	1%	1,50%	2%	2,50%	3%	4%	5%
5	1,03	1,05	1,08	1,10	1,13	1,16	1,22	1,28
10	1,05	1,10	1,16	1,22	1,28	1,34	1,48	1,63
11	1,06	1,12	1,18	1,24	1,31	1,38	1,54	1,71
12	1,06	1,13	1,20	1,27	1,34	1,43	1,60	1,80
13	1,07	1,14	1,21	1,29	1,38	1,47	1,67	1,89
14	1,07	1,15	1,23	1,32	1,41	1,51	1,73	1,98
15	1,08	1,16	1,25	1,35	1,45	1,56	1,80	2,08
16	1,08	1,17	1,27	1,37	1,48	1,60	1,87	2,18
17	1,09	1,18	1,29	1,40	1,52	1,65	1,95	2,29
18	1,09	1,20	1,31	1,43	1,56	1,70	2,03	2,41
19	1,10	1,21	1,33	1,46	1,60	1,75	2,11	2,53
20	1,10	1,22	1,35	1,49	1,64	1,81	2,19	2,65
21	1,11	1,23	1,37	1,52	1,68	1,86	2,28	2,79
22	1,12	1,24	1,39	1,55	1,72	1,92	2,37	2,93
23	1,12	1,26	1,41	1,58	1,76	1,97	2,46	3,07
24	1,13	1,27	1,43	1,61	1,81	2,03	2,56	3,23
25	1,13	1,28	1,45	1,64	1,85	2,09	2,67	3,39
26	1,14	1,30	1,47	1,67	1,90	2,16	2,77	3,56
27	1,14	1,31	1,49	1,71	1,95	2,22	2,88	3,73
28	1,15	1,32	1,52	1,74	2,00	2,29	3,00	3,92
29	1,16	1,33	1,54	1,78	2,05	2,36	3,12	4,12
30	1,16	1,35	1,56	1,81	2,10	2,43	3,24	4,32
31	1,17	1,36	1,59	1,85	2,15	2,50	3,37	4,54
32	1,17	1,37	1,61	1,88	2,20	2,58	3,51	4,76
33	1,18	1,39	1,63	1,92	2,26	2,65	3,65	5,00
34	1,18	1,40	1,66	1,96	2,32	2,73	3,79	5,25
35	1,19	1,42	1,68	2,00	2,37	2,81	3,95	5,52
36	1,20	1,43	1,71	2,04	2,43	2,90	4,10	5,79
37	1,20	1,45	1,73	2,08	2,49	2,99	4,27	6,08
38	1,21	1,46	1,76	2,12	2,56	3,07	4,44	6,39
39	1,21	1,47	1,79	2,16	2,62	3,17	4,62	6,70
40	1,22	1,49	1,81	2,21	2,69	3,26	4,80	7,04

Quelle: Eigene Berechnungen

Ein Beispiel: Angenommen, es verbleiben noch 35 Jahre bis zum Ruhestand und die Inflationsrate soll langfristig bei zwei Prozent verbleiben, dann ist der Umrechnungsfaktor genau zwei. In diesem Fall würden sich die Preise genau verdoppeln.

Wenn Sie nun Ihren persönlichen Bedarf im Alter aus Schritt eins mit dem Faktor aus der Tabelle 1 multiplizieren, erhalten Sie Ihren tatsächlichen Bedarf, bei dem nun die allgemeine Preissteigerung berücksichtigt ist.

Berechnung des tatsächlichen Bedarfes im Alter

Bedarf im Alter
(aus Schritt 1)
_____ €

multipliziert mit
✕

Umrechnungsfaktor für Inflation
(aus Tabelle 1)
_____ €

ergibt
=

tatsächlicher Bedarf im Alter
(Preissteigerung berücksichtigt)
_____ €

Schritt 3: Einnahmen im Alter

Nach den ersten beiden Schritten kennen Sie nun Ihren ungefähren Bedarf im Alter. Im nächsten Schritt geht es nun darum, Ihre Einnahmen im Alter zu schätzen. Dazu gehören neben der gesetzlichen Rente auch Ihre Einnahmen aus Betriebsrenten, Riester-Renten, Rürup-Renten, privaten Rentenversicherungen und sonstigem Vermögen, sofern dieses für die Altersvorsorge bestimmt ist.

Einnahmen aus der gesetzlichen Rentenversicherung

Bei den meisten Deutschen ist die gesetzliche Rente die grundlegende Einnahmequelle im Alter. Insgesamt zählt das System der gesetzlichen Rentenversicherung in Deutschland 72,6 Millionen Versicherte. Die überwiegende Mehrheit der in Deutschland arbeitenden Personen ist in der gesetzlichen Rentenversicherung versichert. Von den vielen Versicherten sind 20,4 Mio. Personen Leistungsbezieher, diese erhalten derzeit eine Alters-, Hinterbliebenen- oder Erwerbsminderungsrente. Von den 52,2 Mio. Versicherten, die noch keine Leistungen beziehen, sind jedoch nur 35 Mio. aktiv versichert. Nur diese zahlen tatsächlich Rentenversicherungsbeiträge in die Rentenkassen ein.

Die gesetzliche Rentenversicherung ist eine Pflichtversicherung. Alle abhängig Beschäftigten und darüber hinaus auch einige weitere Berufsgruppen (z.B. Künstler) sind Pflichtmitglieder bei den zuständigen Rentenkassen. Bei Angestellten tragen Arbeitgeber und Arbeitnehmer je zur Hälfte den gesetzlich festgeschriebenen Rentenversicherungsbeitrag. In 2011 beträgt dieser insgesamt 19,9%. Für diese Beiträge erwirbt der Versicherte dann sogenannte Entgeltpunkte. Je höher das Gehalt, desto mehr Entgeltpunkte werden erworben und umso höher ist auch der Rentenanspruch in Zukunft. Wer im Jahr 2010 beispielsweise 32.000€ brutto verdiente, bekam dafür genau einen Entgeltpunkt gutgeschrieben, bei 16.000€ wären es 0,5 Entgeltpunkte. Diese Entgeltpunkte fließen zu Rentenbeginn in die Rentenformel ein:

Rentenformel der gesetzlichen Rentenversicherung:

Rente = Entgeltpunkte × Rentenartfaktor × aktueller Rentenwert

Dies ist die offizielle Rentenformel der gesetzlichen Rentenversicherung und lässt sich auf alle gesetzlichen Renten, also auch Witwen- bzw. Waisenrenten und Erwerbsminderungsrenten, anwenden. Um mit dieser Formel auf die persönliche Rente zu kommen, müssen Sie Ihre persönlichen Entgeltpunkte mit dem Rentenartfaktor und dem aktuellen Rentenwert multiplizieren. Dies ergibt dann Ihre Altersrente in Euro und Cent. Im Falle der Altersrente ist der Rentenartfaktor eins und fällt dadurch aus der Formel heraus. Übrig bleiben also die persönlichen Entgeltpunkte und der aktueller Rentenwert.

Die persönlichen Entgeltpunkte sind alle gesammelten Entgeltpunkte, die Sie im Laufe Ihres Arbeitslebens erwerben. Diese sind die Grundlage Ihrer Altersrente. Dann werden diese noch gekürzt, wenn Sie vor dem Regeleintrittsalter in Ruhestand gehen. Für alle, die 1964 oder später geboren wurden, ist das Renteneintrittsalter von 67 verbindlich. Für die Jahrgänge 1947-1963 gibt es Übergangsregelungen, 1946 und früher Geborene haben noch das „alte" Renteneintrittsalter von 65 Jahren.

Wer 35 Jahre lang Beiträge gezahlt hat – oder andere Wartezeiten anrechnen kann – hat die Möglichkeit, vorzeitig seine Rente zu beziehen. Als Ausgleich wird jedoch die Höhe der Rente gekürzt: Für jeden Monat, den die Rente früher bezogen wird, wird die Rente um 0,3% gekürzt. Das klingt zunächst nicht besonders beeindruckend, doch in der Summe kann diese Kürzung richtig teuer werden. Vor allem, wenn man bedenkt, dass diese Kürzung lebenslang beibehalten wird. Wenn Sie die frühestmögliche Rente beziehen wollen – mit 63 – dann wird Ihre gesetzliche Rente um 14,4% gekürzt. Lebenslang.

Die Entgeltpunkte werden mit dem sogenannten „aktuellen Rentenwert" multipliziert. In den alten Bundesländern beträgt dieser für 2011 27,20€, in den neuen Bundesländern 24,13€. Oder verständlicher ausgedrückt: Für jeden Entgeltpunkt bekommen Sie 27,20€ bzw. 24,30€ monatliche Altersrente (ohne Abschläge). Der aktuelle Rentenwert ist auch derjenige Faktor, über den die zukünftigen Rentenkürzungen stattfinden werden. Seit der Rentengarantie 2009 steht zwar fest, dass die Renten niemals sinken dürfen – die Kürzungen finden stattdessen in den planmäßigen Rentenerhöhungen statt: Grundsätzlich sollte es so sein, dass die Renten im Gleichgang mit den Löhnen in Deutschland steigen sollten. Doch die Details des aktuellen Rentenwerts sind so ausgestaltet, dass die Renten in den nächsten Jahren weniger stark steigen werden. Wissenschaftler der Universität Mannheim haben geschätzt, dass bis 2030 die Renten um insgesamt 15% geringer ausfallen werden, als ohne die Kürzungen, die sich im aktuellen Rentenwert verbergen.

Doch wie hoch ist denn nun Ihre gesetzliche Rente? Dazu versenden
die Rentenkassen regelmäßig Millionen von Schreiben an die Versicherten: Die Renteninformation. Praktisch alle Versicherten ab 27 Jahre
erhalten diese Renteninformation. Dort finden Sie alle nötigen Informationen. Im Abschnitt „Höhe Ihrer künftigen Regelaltersrente" finden
Sie zwei Zahlen: Die erste, kleinere, ist der Rentenanspruch den Sie heute
bereits sicher haben. Der zweite Wert ist ein Schätzwert. Wenn Sie für
den Rest Ihres Arbeitslebens genauso viel verdienen, wie durchschnittlich
in den letzten 5 Jahren, dann würden Sie in etwa diesen Wert als Rente
erhalten. Sofern keine längeren Ausfälle, wie z.B. Arbeitslosigkeit
auftreten, ist dies ein realistischer Wert für Ihre zukünftige Altersrente.
Im Abschnitt danach versucht Ihre Rentenkasse zukünftige Rentensteigerungen einzurechnen. Diese Angaben sind jedoch mit größter
Vorsicht zu genießen. Es klafft ein riesiges Finanzierungsloch in den
gesetzlichen Rentenkassen. Die gesetzliche Rentenversicherung in
Deutschland ist in hohem Maße unterfinanziert. Gerade einmal 74% der
laufenden Renten können aus den laufenden Beitragseinnahmen gezahlt
werden. Der verbleibende Rest wird mit Steuermitteln des Bundes
aufgefüllt – 63,3 Milliarden Euro allein im Jahr 2009. Die anstehenden,
schleichenden Rentenkürzungen und die Anhebung des Rentenalters auf
67 genügen nicht, um die Defizite der gesetzlichen Rentenversicherung
auszugleichen. Früher oder später wird die nächste Rentenreform auf der
politischen Agenda stehen. Mit hohen Rentensteigerungen in Zukunft zu
rechnen ist ein Spiel mit dem Feuer. Auch überzeugte Optimisten sollten
besser nicht von den angegebenen zwei Prozent Rentensteigerung
ausgehen. Die angegebene Altersrente mit einer Anpassungsrate von
einem Prozent jährlich ist schon eher realistisch, sollte aber mit Vorsicht
genossen werden.

Haben Sie keine Renteninformation erhalten? Dann sind Sie entweder
jünger als 27 oder haben noch keine 5 Jahre in die Rentenkassen eingezahlt – erst dann werden die Renteninformationen verschickt. Im
Zweifelsfall wenden Sie sich an Ihren Rentenversicherungsträger. Haben

Sie keine Renteninformation zur Hand, kann die Altersrente grob mit Faustformeln geschätzt werden. Das Rentenniveau des sogenannten „Eckrentners" bzw. „Standardrentners" ist dabei eine nützliche Orientierungsgrundlage: Dieser ist eine rein theoretische Person, die 45 Jahre lang arbeitet und jedes Jahr das Durchschnittseinkommen verdient. Wenn dieser „Standardrentner" 2020 in Ruhestand geht, dann erhält dieser etwa 47 Prozent des letzten Bruttogehaltes als Rente ausgezahlt. In Wirklichkeit wird es aber niemanden geben, der 45 Jahre lang das Durchschnittseinkommen verdient. Typischerweise beginnt das Arbeitsleben mit einem niedrigeren Anfangsgehalt, das im Laufe der Jahre steigt. Außerdem ist es heutzutage nicht selbstverständlich, 45 Jahre durchzuarbeiten: Beispielsweise aufgrund von Arbeitslosigkeit, Elternzeit, Erkrankungen und persönlichen Auszeiten ist die tatsächliche Arbeitszeit eher geringer. Im Endeffekt ist das Rentenniveau des Standardrentners in den meisten Fällen zu hoch. Das durchschnittliche Rentenniveau wird vielmehr in Bereichen um 40% liegen, bei längerer Arbeitslosigkeit oder anderen Lücken in der Erwerbsbiographie auch deutlich darunter.

Andere Einkünfte im Alter

Wenn Sie bereits in irgendeiner Weise für das Alter vorgesorgt haben, sollte dies natürlich in die Bedarfsermittlung mit einfließen. Haben Sie eine private Rentenversicherung abgeschlossen, ganz gleich, ob als Riesterrente, Rüruprente oder private Rentenversicherung, dann können Sie selbstverständlich diese Rentenzahlungen zur gesetzlichen Rente hinzuzählen. Die Höhe der Rente können Sie dem jährlichen Schreiben der Versicherung entnehmen oder Sie nehmen die Modellrechnung des Versicherungsangebots, das Sie vor Abschluss der Versicherung erhalten haben (vergessen Sie dabei nicht, dass der tatsächliche Wert in Zukunft von vielen Faktoren abhängt und jede Modellrechnung nur so gut sein kann, wie die Annahmen, die dahinter stehen). Das Gleiche gilt, wenn Sie eine betriebliche Altersvorsorge über Ihren Arbeitgeber erhalten. Auch hier können Sie die zugesagte Rentenzahlung zur gesetzlichen Rente dazurechnen.

Besitzen Sie vermietete Immobilien, können Sie die Kaltmiete minus die Nebenkosten, die Sie als Eigentümer zu tragen haben, bei den Einkünften mit ansetzen. Wohneigentum, das Sie selbst bewohnen, wurde bereits bei den Ausgaben berücksichtigt, da Sie schließlich mietfrei wohnen.

Wenn Sie über freies Vermögen im Alter verfügen, z.B. Zinsanlagen, Wertpapiere oder eine Lebensversicherung, die zur Auszahlung kommt, dann kann auch dieses einen Beitrag zur Altersvorsorge leisten. Hilfreich ist es, diesen Geldbetrag in eine monatliche Rente umzurechnen, damit Sie bei der Bedarfsermittlung keine Äpfel mit Birnen vergleichen. Angenommen, Sie gehen mit 65 in Ruhestand, legen ein Vermögen von 100.000€ zu 4% an und das Kapital soll im Alter von 90 Jahren aufgebraucht sein, dann entspricht das einer monatlichen Rente von ca. 524€. In der folgenden Tabelle 2 finden Sie einige Umrechnungsfaktoren, mit denen Sie Kapitalbeträge in monatliche Rentenzahlungen umrechnen können.

Tabelle 2 Umrechnungsfaktoren – Geldvermögen in Rente					
Zins Laufzeit	2%	3%	4%	5%	6%
20 Jahre	0,00505	0,00553	0,00602	0,00654	0,00707
25 Jahre	0,00423	0,00472	0,00524	0,00578	0,00635
30 Jahre	0,00369	0,00419	0,00473	0,00530	0,00589
35 Jahre	0,00330	0,00383	0,00438	0,00498	0,00560
kein Kapitalverzehr	0,00165	0,00247	0,00327	0,00407	0,00487

Multiplizieren Sie das vorhandene Vermögen mit den entsprechenden Faktoren und Sie erhalten eine monatliche Rente, bei der das Kapital am Ende der Laufzeit aufgebraucht sein wird.
Beispiel: 100.000€, Zins 4%, Laufzeit 30 Jahre ergibt 473€ monatliche Rente; nach 30 Jahren ist das Kapital aufgebraucht

Quelle: eigene Berechnungen

Tragen Sie nun bitte Ihre persönlichen Einnahmen im Alter in die folgende Tabelle ein. Im Ergebnis haben Sie dann einen Überblick über die geschätzten Ausgaben und Einnahmen im Alter. Nun müssen nur noch Steuern und Abgaben abgezogen werden. Danach können Sie ganz einfach Ihre persönliche Altersvorsorgelücke ausrechnen und sich ein konkretes Bild von Ihrer Altersvorsorgesituation und Ihrem Bedarf machen.

Ermittlung der Einnahmen im Alter

gesetzliche Rente
(Entweder Werte aus Renteninformation übernehmen
oder als Faustformel 40% des Bruttogehalts)   _____ €

Rürup-Rente
                                                              _____ €

Riester-Rente
                                                              _____ €

betriebliche Altersvorsorge
                                                              _____ €

private Rentenversicherung
                                                              _____ €

vermietete Immobilie
(Kaltmiete minus Nebenkosten)   _____ €

freies Vermögen
(mit Hilfe der Faktoren aus Tabelle 2 in monatliche
Beträge umrechnen)   _____ €

Gesamteinnahmen
                                                              _____ €

Schritt 4: Steuern und Abgaben abziehen

Zu guter Letzt müssen Sie nur noch Steuern und Abgaben von den Einnahmen abziehen. Dann haben Sie alles zusammengetragen, um Ihren persönlichen Altersvorsorgebedarf zu ermitteln.

Bei der gesetzlichen Rente müssen auf jeden Fall die Beiträge zur Kranken- und Pflegeversicherung abgezogen werden. Gesetzlich Pflichtversicherte müssen einen Eigenbeitrag von derzeit 8,2% der Rente plus mögliche Zusatzbeiträge zahlen, den restlichen Anteil von derzeit 7,3% trägt die Rentenversicherung. Freiwillig Versicherte in der gesetzlichen Krankenversicherung und privat Krankenversicherte tragen zunächst die kompletten Beiträge Ihrer Krankenversicherung und bekommen maximal die Hälfte des Beitrages zurückerstattet. Hinzu kommt die soziale Pflegeversicherung mit 1,95% der Rente bzw. dem individuellen Beitrag der privaten Pflegepflichtversicherung, hier beteiligt sich die Rentenkasse nicht. Darüber hinaus muss die Rente noch versteuert werden. Wie viel versteuert wird, hängt vom Jahr des Rentenbeginns ab. Ab 2040 sind 100% der Rente zu versteuern, davor nur ein Teil, diesen können Sie der Tabelle entnehmen. Bis 2020 steigt dieser Anteil um zwei Prozent jährlich, danach nur noch um ein Prozent.

Tabelle 3: Steuerpflichtiger Anteil der gesetzlichen Rente und Rüruprente						
Renten-beginn	2005 und früher	2010	2015	2020	2030	2040
Anteil	50%	60%	70%	80%	90%	100%

Als Faustformel für den Steuersatz im Alter hat es sich bewährt, von Ihrem persönlichen Steuersatz im Arbeitsleben 10 Prozent abzuziehen. Im Zweifelsfall konsultieren Sie bitte Ihren Steuerberater.

Steuersatz im Alter (Faustformel)

aktueller Steuersatz minus 10%

Rüruprenten werden steuerlich genauso behandelt wie die gesetzliche Rente. Bei Pflichtversicherten fallen keine Krankenversicherungsbeiträge auf die Rüruprente an. Bei freiwillig in der gesetzlichen Krankenkasse Versicherten ist der volle Krankenkassenbeitrag zu zahlen, Erstattungen gibt es hierbei keine.

Bei Betriebsrenten sind 2 Kategorien zu unterscheiden. Betriebsrenten, die vor dem 01.01.2005 zugesagt wurden und nach §40b EStG pauschal versteuert wurden, werden mit dem Ertragsanteil versteuert: Bei lebenslangen Renten ist ein Teil der Zahlungen – der sogenannte Ertragsanteil – steuerpflichtig. Dieser hängt davon ab, wie alt Sie zu Beginn der Rentenzahlung sind und bleibt bis zum Lebensende fest: Bei Rentenbeginn mit Alter 60 sind 22% und mit 65 sind 18% der Rentenzahlung zu versteuern. Alle anderen Betriebsrenten sind zu 100% steuerpflichtig. Auf alle Leistungen aus Betriebsrenten müssen Beiträge für die gesetzliche Kranken- und Pflegeversicherung in voller Höhe gezahlt werden.

Leistungen aus Riester-Verträgen sind zu 100% zu versteuern. Pflichtversicherte in der gesetzlichen Krankenversicherung müssen keine Beiträge zahlen. Bei freiwillig Versicherten gilt der volle Beitragssatz.

Renten aus privaten Rentenversicherungen werden mit Ihrem Ertragsanteil versteuert. Wie bereits erwähnt müssen beispielsweise 22% der Rentenzahlung bei Rentenbeginn mit Alter 60 oder 18% der Rente bei Rentenbeginn 65 versteuert werden. Die jeweiligen Werte können Sie der nachfolgenden Tabelle 4 entnehmen.

Tabelle 4: Ertragsanteil bei der Versteuerung von Privatrenten							
Alter bei Rentenbeginn	60 und 61	62	63	64	65 und 66	67	68	69 und 70
Ertragsanteil	22%	21%	20%	19%	18%	17%	16%	15%

Mieteinnahmen aus vermieteten Immobilien sind grundsätzlich als Erträge aus Vermietung und Verpachtung zu versteuern.

Das freie Vermögen selbst wird nicht versteuert. Jedoch fallen auf die Erträge, Zinsen und Wertsteigerungen Steuern an. In der Regel ist das die sogenannte Abgeltungssteuer. Da diese Thematik jedoch stark von der jeweiligen Anlageform abhängt, wird hier aus Vereinfachungsgründen auf die Berücksichtigung von Steuern verzichtet.

Bitte nutzen Sie nun die folgende Übersicht und ziehen Sie Ihre persönlichen Steuern und Abgaben von Ihren geschätzten Einkünften im Alter ab.

Berücksichtigung von Steuern und Abgaben

	Betrag aus Schritt 3	Steuern	Sozialabgaben
gesetzliche Rente	_____ €	steuerpflichtiger Anteil aus Tabelle 3 x Steuersatz _____ €	Kranken- und Pflegeversicherungsbeitrag _____ €
Rürup-Rente	_____ €	steuerpflichtiger Anteil aus Tabelle 3 X Steuersatz _____ €	Kranken- und Pflegeversicherungsbeitrag _____ €
Riester-Rente	_____ €	100% der Rente x Steuersatz _____ €	Kranken- und Pflegeversicherungsbeitrag _____ €
betriebliche Altersvorsorge	_____ €	100% der Rente x Steuersatz _____ €	Kranken- und Pflegeversicherungsbeitrag _____ €
private Rentenversicherung	_____ €	Rente x Ertragsanteil aus Tabelle4 x Steuersatz _____ €	Kranken- und Pflegeversicherungsbeitrag _____ €
vermietete Immobilie	_____ €	gesamte Miete x Steuersatz _____ €	Kranken- und Pflegeversicherungsbeitrag _____ €
freies Vermögen	_____ €	entfällt aus Vereinfachungsgründen	entfällt aus Vereinfachungsgründen
Gesamt	_____ €	_____ €	_____ €

Gesamteinnahmen nach Abzug von Steuern und Abgaben

_____ €

Schritt 5: Vorsorgelücke berechnen

Jetzt sind Sie fast am Ziel. Sie müssen jetzt einfach die Ausgaben aus Schritt 2 von den Einnahmen aus Schritt 4 abziehen und schon haben Sie Ihre persönliche Rentenlücke berechnet.

Berechnung der Altersvorsorgelücke	
Ausgaben im Alter (aus Schritt 2)	_____ €
minus	—
Einnahmen im Alter (aus Schritt 4)	_____ €
ergibt	=
Ihre persönliche Altersvorsorgelücke	_____ €

Die Altersvorsorgelücke ist der Betrag, der Ihnen im Alter jeden Monat fehlen wird. Anhand dieser Lücke sehen Sie Ihren persönlichen Vorsorgebedarf. Wenn Sie sich bisher ausschließlich auf die gesetzliche Rente verlassen haben, dann sollte auch Ihre Altersvorsorgelücke erschreckend groß sein. Wenn Sie bereits sehr gut vorgesorgt haben, dann ist Ihre Rentenlücke null oder sogar negativ. In diesem Fall könnten Sie dieses Buch beiseitelegen und ganz gelassen Ihrem Ruhestand entgegen sehen.

Schritt 6: Kapitalbedarf berechnen

Dieser Schritt ist nicht unbedingt erforderlich, doch er zeigt Ihnen nochmals deutlich, welche Dimensionen Ihre Altersvorsorgelücke angenommen hat. Mit Hilfe des bereits bekannten Umrechnungsfaktors aus Tabelle 2 können Sie den Kapitalbedarf zur Schließung Ihrer Altersvorsorgelücke abschätzen. Teilen Sie einfach die Lücke durch den Faktor Ihrer Wahl und Sie erhalten den Kapitalbetrag, mit dem Sie Ihre Lücke schließen können.

Berechnung des Kapitalbedarfes zur Schließung der Altersvorsorgelücke

Altersvorsorgelücke

(aus Schritt 5)   €

geteilt durch $\div$

Umrechnungsfaktor

(aus Tabelle 2)   €

ergibt $=$

Kapitalbedarf im Alter   €

Als Ergebnis haben Sie nun den Kapitalbetrag, den Sie zu Beginn Ihres Ruhestandes benötigen, um Ihre Altersvorsorgelücke zu schließen.

Ihre Altersvorsorgelücke und der Kapitalbedarf sind für den gesamten weiteren Inhalt dieses Buches der zentrale Dreh- und Angelpunkt. Jetzt, da Sie Gewissheit über Ihren Bedarf haben, wird es nun darum gehen, wie Sie diese Lücke am sinnvollsten schließen können.

Die staatlich geförderte Altersvorsorge

Nachdem Sie sich im ersten Teil ein Bild vom Problem an sich gemacht haben und auch die elementaren Risiken kennen, können Sie sich nun mit den Details der Lösung beschäftigen. Die Politik hat mit der Riester-Rente, der Rürup-Rente und der betrieblichen Altersvorsorge vielfältige Möglichkeiten geschaffen, wie Sie mit staatlicher Unterstützung für den Ruhestand vorsorgen können. Was genau die Vor- und Nachteile der einzelnen Varianten sind und für wen sich diese im Einzelnen auch wirklich lohnen ist Gegenstand dieses Kapitels.

Eine Übersicht

Als im Laufe der neunziger Jahre auch der deutschen Politik klar wurde, dass die gesetzliche Rente immer weniger leisten kann, hat allmählich ein Umdenken eingesetzt. Es wurde nun immer öfter über private Altersvorsorge diskutiert und wie der deutsche Staat die richtigen Anreize setzen kann. Im Jahr 2001 haben diese Überlegungen unter der Regierung Schröder eine greifbare Form bekommen: Am 26. Juni 2001 wurde das „Gesetz zur Reform der gesetzlichen Rentenversicherung und zur Förderung eines kapitalgedeckten Altersvorsorgevermögens", kurz: Altersvermögensgesetz verabschiedet. Bundesregierung und Gesetzgeber haben angesichts einer langfristig rückläufigen Geburtenzahl und einer steigenden Lebenserwartung den Reformbedarf in der gesetzlichen Rentenversicherung erkannt, da sonst der Beitragssatz in der gesetzlichen Rentenversicherung auf 24-26% hätte steigen müssen. Im Gesetz wurden einerseits Rentenkürzungen beschlossen, damit der Beitragssatz stabil bei etwa 20% verbleiben kann. Im Jahr 2011 sind übrigens die zu dieser Zeit beschlossenen Rentenkürzungen immer noch nicht vollständig abgeschlossen. Als Gegenleistung wurde die Riester-Rente geschaffen, mit der jeder Rentenversicherte die Kürzungen mit freiwilligen Mitteln wieder ausgleichen kann. Eine ebenso bedeutende Maßnahme, die mit diesem Gesetz beschlossen wurde, ist die Einführung eines Rechtsanspruchs auf

Entgeltumwandlung in der betrieblichen Altersvorsorge. Seit 2002 hat jeder Angestellte das Recht, einen Teil seines Gehaltes in eine betriebliche Altersvorsorge umzuwandeln. Wie das genau funktioniert wird in einem eigenen Abschnitt dargestellt. Das Altersvermögensgesetz kann sozusagen als historischer Startschuss für die staatlich geförderte Altersvorsorge bezeichnet werden.

Da die Riester-Förderung nur für Angestellte oder andere Pflichtversicherte und deren Ehepartner galt, war es nur eine Frage der Zeit, bis auch eine staatlich geförderte Altersvorsorge für Selbständige gefordert und dann auch eingeführt wurde: Die sogenannte Rürup-Rente. Mit dem Alterseinkünftegesetz, das 2005 in Kraft getreten ist, wurde jedoch nicht nur diese Form der Altersvorsorge eingefügt. Aus steuerlicher Sicht wurde das gesamte Altersvorsorgesystem neu gestaltet: Die nachgelagerte Besteuerung wurde eingeführt und die betriebliche Altersvorsorge umgestaltet. Beispielsweise waren auch alle damaligen Rentner davon betroffen, dass diese seitdem 50% Ihrer Rente versteuern müssen, was vorher nicht der Fall war.

2007 wurde mit dem RV-Altersgrenzenanpassungsgesetz die Rente mit 67 eingeführt. Wer früher in Rente geht, muss mit hohen Abschlägen rechnen. In diesem Zusammenhang gilt auch für alle ab 2012 neu abgeschlossenen Riester-, Rürup- und Betriebsrenten, dass die Auszahlung erst ab einem Alter von 62 möglich sein darf. Auch für die begrenzten Steuervorteile bei privaten Renten- oder Lebensversicherungen gilt dann das Mindestalter 62 bei Auszahlung. Im gleichen Jahr wurde auch ein wichtiger Schritt bei den Betriebsrenten getan: Wenn Gehälter in eine betriebliche Altersvorsorge umgewandelt werden, geschieht dies sozialversicherungsfrei – ohne zeitliche Befristungen. Davor war diese Regelung bis 2008 begrenzt.

Sie sehen: In den letzten Jahren hat sich einiges getan in der Welt der staatlich geförderten Altersvorsorge. Zynische Naturen würden diesen Reformeifer mit den Worten: „Das einzig Beständige ist der Wandel" zusammenfassen. Das Positive ist natürlich, dass Sie heutzutage eine Wahl aus verschiedenen Systemen der privaten Altersvorsorge haben. Der Nachteil dagegen: Man verliert schnell den Überblick und es ist nur selten eindeutig und klar, welches Altersvorsorgesystem für Sie das bessere ist.

Übersicht über die Wege der staatlich geförderten Altersvorsorge		
gesetzliche Rente/ Rürup-Rente	**betriebliche Altersvorsorge**	**Riester-Rente**
Die Produkte müssen strenge Auflagen erfüllen, die diese rasch sehr unattraktiv machen.	Obwohl die betriebliche Altersvorsorge viele abschreckt, da sie nur über den Arbeitgeber abgeschlossen werden kann, bietet diese oft die besten Konditionen und Vorteile	Die Riester-Rente ist die bekannteste staatlich geförderte Altersvorsorge. Geringverdiener mit Kindern profitieren besonders von der Förderung.
förderberechtigter Personenkreis		
jeder Steuerpflichtige	abhängig Beschäftigte	Pflichtversicherte in der gesetzlichen Renten- versicherung, Beamte, Soldaten und deren Ehepartner
maximaler geförderter Beitrag		
20.000€ 40.000€ bei Ehegatten	4%der BBG+1.800€ Unterstützungskasse/ Direktzusage: unbegrenzt	4% des Vorjahreseinkommens, max. 2100€
besonders attraktiv für		
Selbständige, ältere Besserverdiener	abhängig Beschäftigte unter der BBG in der gesetzlichen Krankenversicherung	Geringverdiener, Eltern
Todesfallleistung		
lebenslange Leibrente	vereinbarte Todesfallleistung	Hinterbliebenenrente, Übertragung des Kapitals auf Ehepartner
berechtigte Hinterbliebene		
Ehepartner, minderjährige Kinder	Ehepartner, Kinder und Lebensgefährte mit gemeinsamem Haushalt	Ehepartner, minderjährige Kinder
Auszahlung als Einmalbeitrag		
nicht möglich	möglich	möglich: 30% des Altersvorsorgekapitals; bis 100% für selbstbewohntes Wohneigentum

Die Gemeinsamkeiten aller Arten der staatlich geförderten Altersvorsorge

Insgesamt gibt es sechs wichtige Eigenschaften, die alle Wege der staatlich geförderten Altersvorsorge gemeinsam haben:

1. lebenslange Rentenzahlung
2. Auszahlungen nicht vor Alter 60
3. Einschränkungen im Todesfall
4. Hartz IV sicher
5. Der Staat macht keine Geschenke.
6. lebenslange Produktbindung

Damit ein Produkt die staatliche Förderung genießen kann, ist es Absicht des Gesetzgebers, dass dieses wirklich nur zur Altersvorsorge und nicht zu anderen Zwecken genutzt werden kann. Deswegen ist in der Regel nur die Auszahlung als lebenslange Rente vorgesehen. Wenn Sie einen Kapitalbetrag im Alter ausgezahlt haben möchten, dann geht das in der Regel gar nicht oder nur eingeschränkt.

In diesem Zusammenhang ist auch festgelegt, dass die Leistung nicht vor dem 60. Geburtstag erfolgen darf. Dies gilt für alle Verträge, die bis 2011 abgeschlossen werden. Für alle Verträge, die ab 2012 abgeschlossen werden, gilt dann, dass die Leistung nicht vor Ende des 62. Lebensjahres beginnen darf. Dies ist eine Konsequenz der Anhebung des Rentenalters auf 67 Jahre in der gesetzlichen Rentenversicherung.

Außerdem muss, ähnlich wie bei der gesetzlichen Rente, die spürbare Gefahr bestehen, dass das Guthaben oder die Rente im Todesfall verfällt. Die Altersvorsorge darf nicht ohne Weiteres vererbt oder übertragen werden können. Hinterbliebenenleistungen sind in der Regel nur für Ehepartner oder minderjährige Kinder möglich.

Da die staatlich geförderten Produkte ausschließlich der Altersvorsorge dienen, sind diese nicht pfändbar und vor dem Zugriff der Sozialbehörden geschützt. Bei Bezug von Hartz IV müssen diese nicht gekündigt oder verwertet werden. In der Rentenphase jedoch können die laufenden Renten gepfändet oder auf Sozialleistungen angerechnet werden, wenn die dann geltenden Einkommensgrenzen oder Pfändungsfreibeträge überschritten werden.

Staatliche Förderungen werden oft als Geschenke angepriesen – richtiger wäre vielmehr, diese als staatliche Leihgaben zu bezeichnen. Wenn Sie Beiträge einzahlen, sind diese steuerlich oder mit Zulagen gefördert. Doch einen großen Teil davon holt sich der Staat im Alter wieder zurück, da die laufenden Leistungen versteuert werden müssen und zum Teil auch noch Sozialabgaben fällig werden.

Wenn Sie sich für eine staatlich geförderte Altersvorsorge entscheiden, dann sind Sie für den Rest Ihres Lebens daran gebunden. Eine vorzeitige Kündigung ist in der Regel nicht vorgesehen. Bei Zahlungsschwierigkeiten können Sie höchstens die laufenden Beiträge aussetzen.

Zusammengefasst sind die Förderung an sich und die Hartz IV – bzw. Pfändungssicherheit die wichtigsten Vorteile der staatlich geförderten Altersvorsorgeprodukte. Als Nachteile müssen Sie in Kauf nehmen, dass Sie sich lebenslang an ein Produkt binden, bei dem meist nur eine lebenslange Rentenzahlung vorgesehen ist und im Todesfalle Ihre Angehörigen leer ausgehen könnten.

Vergleichbarkeit der verschiedenen Systeme

Die wohl interessanteste Frage bei der staatlich geförderten Altersvorsorge ist, welche Form der Altersvorsorge sich am ehesten lohnt. So ganz einfach ist die Antwort leider nicht, da viele Aspekte zu beachten sind und das Ergebnis für Jeden unterschiedlich ausfallen kann. Beispielsweise eignet sich die Riester-Rente besonders für Geringverdiener mit Kindern, bei fast allen Angestellten und Arbeitnehmern liegt die betriebliche Altersvorsorge ganz weit vorn und auch die Rürup-Rente hat für bestimmte Zielgruppen große Vorteile.

Eine staatliche Förderung kann aber auch nach hinten losgehen: Gesetzlich krankenversicherte Angestellte, deren Gehalt über der Beitragsbemessungsgrenze in der gesetzlichen Krankenversicherung liegt

(3.712€ für 2011), haben aus der staatlichen Förderung einer betrieblichen Altersvorsorge keine Vorteile, sondern würden damit in vielen Fällen sogar ein Minusgeschäft machen.

Neben den finanziellen Anreizen der staatlichen Förderung unterscheiden sich die verschiedenen Arten auch in anderen Bereichen, wie Todesfallschutz oder Kapitalisierbarkeit. Pauschale Empfehlungen für oder gegen ein System oder ein Produkt können deshalb eigentlich nur falsch sein, weil jeder seine eigenen Vorlieben und Wünsche hat. Der beste Weg zur optimalen Altersvorsorge ist, wenn Sie die Vor- und Nachteile der einzelnen Produkte kennen und für sich selbst nachvollziehen können und auf dieser Basis eine Entscheidung fällen.

Doch wie kann man so verschiedene Arten der geförderten Altersvorsorge vergleichbar machen? Dazu müssen wir uns eines Hilfsmittels bedienen. Dies geschieht, indem wir ein einziges Produkt nehmen, das für alle Arten und Systeme gleich ist und dann einfach ausrechnen, was unterm Strich dabei herauskommt, wenn Sie dieses einmal als Rürup-Rente, als Riester-Rente und als betriebliche Altersvorsorge abschließen würden. Anhand der Ergebnisse können Sie dann unmittelbar sehen, welche Förderung sich zumindest finanziell am ehesten lohnt und welche nicht. Damit keine Äpfel mit Birnen verglichen werden, muss es natürlich exakt das gleiche Produkt für alle verschiedenen staatlichen Förderungen sein. In der Praxis gibt es das so nicht, deswegen wird im Folgenden einfach ein künstliches Produkt mit dem Namen „Musterversicherung" zu Hilfe genommen. Diese Musterversicherung können Sie im wahren Leben natürlich nicht abschließen, dennoch ist die Musterversicherung möglichst repräsentativ, da sich diese an den derzeitigen Bedingungen und Konditionen heutiger Versicherungen orientiert. Der monatliche Muster-Beitrag wird über die entsprechende Laufzeit bis zu einem Alter von 65 eingezahlt, danach gibt es eine lebenslange Rente. Die einmaligen Abschlusskosten werden auf die ersten 5 Jahre verteilt, der garantierte Zins beträgt 2,25% und der laufende Zins beträgt 4,6%. Außerdem werden auch laufende Verwaltungskosten berücksichtigt. Im Endeffekt bildet dieses Musterprodukt die derzeitigen Konditionen der Versicherungsbranche recht gut ab und da das absolut gleiche Musterprodukt für alle Arten der staatlichen Förderung genutzt wird, können Sie sehr gut die finanziellen Auswirkungen der verschiedenen Fördervarianten sehen, indem Sie einfach die Zahlen vergleichen.

Als Vergleichsmaßstab für alle staatlich geförderten Varianten kann dabei immer die Musterversicherung komplett ohne staatliche Förderung und Steuern dienen. Wenn man diese Versicherung so abschließen würde, dann könnten nach Abzug der Kosten die folgenden Ergebnisse erwartet werden:

Tabelle 5: Musterversicherung ohne Förderung und Steuern			
Laufzeit	10 Jahre	20 Jahre	30 Jahre
insgesamt gezahlte Beiträge	12.000€	24.000€	36.000€
garantiertes Guthaben	11.800€	26.603€	43.530€
gesamtes Guthaben	13.330€	34.124€	64.470€
garantierte Monatsrente	49,50€	105,46€	168,67€
gesamte Monatsrente	65,88€	165,61€	305,34€
Gesamtrente nach 5 Jahren	68,51€	170,64€	314,61€
Gesamtrente nach 10 Jahren	71,34€	175,82€	324,16€
Gesamtrente nach 20 Jahren	77,26€	186,66€	344,14€
Rendite bei Garantierente	1,42%	1,39%	1,36%
Rendite mit Überschüssen	3,71%	3,76%	3,74%

Quelle: Eigene Berechnungen anhand der Musterversicherung

Anhand dieser Musterversicherung können Sie den finanziellen Vorteil einer jeden staatlichen Förderung direkt sehen und dadurch entscheiden, ob sich diese finanziell für Sie lohnt oder nicht. Besonders nützlich für einen Vergleich ist die Rendite der Musterversicherung, diese ist im Prinzip die jährliche Verzinsung Ihrer Beiträge, wenn alle Kosten, Förderungen und Abgaben berücksichtigt sind. Wenn die Rendite einer staatlich geförderten Musterversicherung höher ist als die hier dargestellte, dann haben Sie einen echten finanziellen Vorteil aus der Förderung. Je höher die Rendite, desto höher ist dann auch der finanzielle Effekt der staatlichen Förderung.

Die gesetzliche Rente

Auch die gesetzliche Rente ist im Prinzip eine staatlich geförderte Altersvorsorge: Die Beiträge sind steuerlich begünstigt und die Leistung im Alter ist eine lebenslange Rente, die versteuert werden muss. Da ein Großteil der Deutschen ohnehin pflichtversichert ist, stellt sich die Frage für oder gegen die gesetzliche Rentenversicherung erst gar nicht. Lediglich Beamte, Selbständige und Gewerbetreibende sind nicht pflichtversichert und hätten die Möglichkeit, sich freiwillig zu versichern. Doch ist es für diese überhaupt sinnvoll, der gesetzlichen Rentenversicherung freiwillig beizutreten? Um das herauszufinden, kann man die Rentenversicherung wie eine normale Geldanlage behandeln und die Einzahlungen mit den Auszahlungen vergleichen und ausrechnen, was unterm Strich herauskommt.

Betrachten wir ein Beispiel: Im Folgenden wird ein freiwillig Versicherter mit einem gleichbleibenden Jahreseinkommen von 30.000€ betrachtet, beim heutigen Beitragssatz von 19,9% würde dieser monatlich 497,50 Euro einzahlen. Wenn die Einkommen in Deutschland jedes Jahr um 2% steigen, dann hat dieser nach 20 Jahren 16,7 Entgeltpunkte gutgeschrieben bekommen. Bei einer jährlichen Rentensteigerung von einem Prozent würde dies eine monatliche Rente von 562 Euro bedeuten.

Die erwartete Rentenbezugsdauer liegt heute statistisch gesehen bei Männern bei 15 Jahren und bei Frauen bei 17 Jahren. Mit diesen Werten lässt sich mit etwas Mathematik die Rendite der gesetzlichen Rente berechnen.

Bei Männern mit einer durchschnittlichen Lebenserwartung liegt die Rendite der gesetzlichen Rentenversicherung bei -0,54%. Für diese ist die gesetzliche Rente ein Verlustgeschäft, erst wenn sie älter werden als 84 Jahre, dann haben sie zumindest die eingezahlten Beiträge wieder zurückerhalten. Da die Kaufkraft im Laufe der Jahre jedoch sinkt, ist inflationsbereinigt immer noch ein großer Verlust vorhanden. Bei einer Inflationsrate von 2% müssten die Rentner mindestens ein Alter von 92 Jahren erreichen, um überhaupt in die Gewinnzone zu gelangen.

Da Frauen die gleiche Rente erhalten, im Schnitt aber 2 Jahre länger leben, haben diese bei normaler Lebenserwartung bereits die Gewinnzone erreicht. Doch auch hier verbleibt ein Verlust, wenn die allgemeine Preissteigerung berücksichtigt wird.

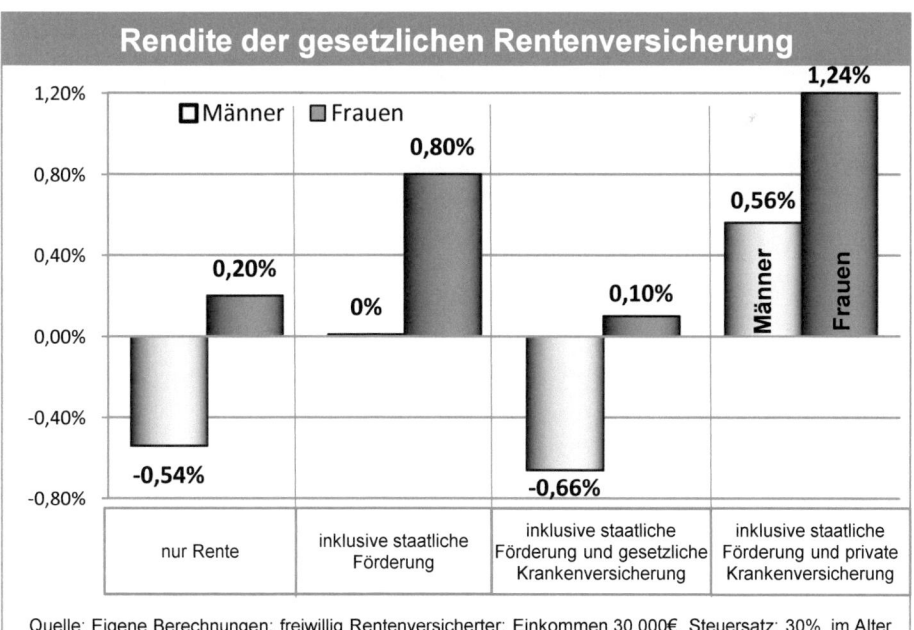

Staatliche Förderung

Die staatliche Förderung für freiwillige Beiträge in die gesetzliche Rentenversicherung ist im Prinzip die gleiche, wie bei der Rürup-Rente und wird im gleichnamigen Abschnitt noch genauer beschrieben. Berücksichtigt man die sich ergebende steuerliche Förderung bei der gesetzlichen Rente, hellt sich das Bild zwar etwas auf, doch am Gesamteindruck ändert sich nicht viel: Dank der steuerlichen Abzüge zahlen Sie bei einem Steuersatz von 30% nur noch einen Effektivbeitrag von 350€-390€. Dagegen sinkt im Alter Ihre Nettorente deutlich, da Ihre Rente im Alter versteuert werden muss. Der Steuersatz im Alter liegt in der Regel niedriger als im Erwerbsleben. Laut Faustformel kann man sagen, dass dieser 10% niedriger liegt. Die Nettorente liegt dann noch bei 460 Euro. Männer haben dann bei normaler Lebenserwartung eine Rendite von genau null, würden also gerade einmal die eingezahlten Beiträge zurückerhalten, Frauen können immerhin mit einer jährlichen Wertsteigerung von 0,8% rechnen, da diese im Schnitt länger leben. Doch dies ist immer noch weniger als die allgemeine Preissteigerung. Bei einer Inflationsrate von 2% verspricht die gesetzliche Rentenversicherung erst dann einen Gewinn, wenn die Rentner älter als 89 Jahre werden.

Krankenversicherungsbeiträge:

Bei den Krankenversicherungsbeiträgen unterscheidet man grundsätzlich in gesetzlich und privat Versicherte. Die Renten gesetzlich Krankenversicherter sind voll beitragspflichtig in der gesetzlichen Kranken- und Pflegeversicherung. Die Rentenkasse übernimmt einen Teil des Krankenversicherungsbeitrages in Höhe von 7,3% der Rente. Den restlichen Teil von derzeit 8,2% plus Zusatzbeiträge und der gesamte Pflegeversicherungsbeitrag von derzeit 1,95% sind vom Rentner zu tragen. Gesetzlich versicherte Rentner müssten dann 92 Jahre alt werden, um inflationsbereinigt keine Verluste in der Rentenversicherung zu erleiden.

Etwas anders sieht es bei privat krankenversicherten Rentnern aus. Der Krankenversicherungsbeitrag ist vertraglich vereinbart und hängt nicht

vom Einkommen ab. Diese haben sogar einen Vorteil, da sich die Rentenversicherung zusätzlich mit derzeit 7,3% der Rente an den privaten
Krankenversicherungsbeiträgen beteiligt. Doch auch dies ist nur ein Trop-
fen auf den heißen Stein, privat Krankenversicherte müssen inflationsbereinigt immer noch 87 Jahre alt werden, um keine Verluste mehr zu
machen.

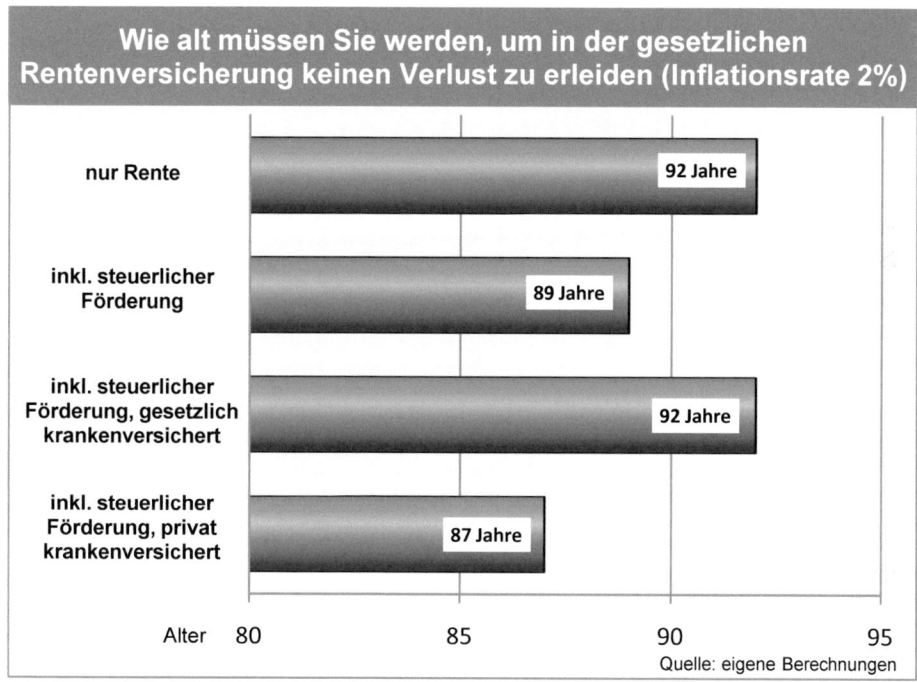

Auch wenn man andere Zeiträume nimmt oder die Renten stärker
steigen lässt, das Ergebnis bleibt das gleiche: Wenn Sie nicht sehr alt
werden, machen Sie inflationsbereinigt einen Verlust mit der gesetzlichen
Rentenversicherung. Wenn Sie also zu den wenigen gehören, die die Wahl
haben, ob Sie Mitglied in der gesetzlichen Rentenversicherung werden
oder nicht, dann sollte es Ihnen sehr leicht fallen eine bessere
Absicherung zu finden. Außerdem: Von den weiteren Leistungen der
Rentenversicherung, wie z.B. Erwerbsminderungsrenten profitieren nur
sehr wenige freiwillig Versicherte, da diese in der Regel nur für die

Pflichtversicherten vorgesehen sind. Wenn aber die strengen Voraussetzungen erfüllt sein sollten, kann eine freiwillige Versicherung
ausnahmsweise vorteilhaft sein. Ansonsten sind Sie mit jeder normalen
Altersvorsorge, die mehr als 2% Rendite abwirft, besser dran als mit der
gesetzlichen Rentenversicherung.

Die Rürup-Rente

Die wichtigsten Produktkriterien

Die Rürup-Rente oder auch Basisrente wurde 2005 zusammen mit der
nachgelagerten Besteuerung eingeführt. Sie wurde nach Prof. Dr. Bert
Rürup benannt, da sie im Wesentlichen auf seine Politikberatung und den
sogenannten Rürupbericht zur „Nachhaltigkeit in der Finanzierung der
sozialen Sicherungssysteme" von 2003 zurückzuführen ist. Diese Form
der Vorsorge richtet sich vor allem an Selbständige, da diese bis dahin
keine Möglichkeit hatten, mit Hilfe staatlicher Förderungen für das Alter
vorzusorgen. Eine weitere Zielgruppe sind Besserverdienende, die bereits
alle weiteren Förderhöchstbeträge ausgeschöpft haben und darüber
hinaus weiter vorsorgen möchten.

Die Rürup-Rente bildet zusammen mit der gesetzlichen Rentenversicherung die erste Schicht des deutschen Alterssicherungssystems.
Erste Schicht bedeutet, dass aus Sicht des Gesetzgebers diese Produkte
die wesentliche Grundlage der privaten Altersvorsorge sein sollten.
Produkte der ersten Schicht sollen besonders stark gefördert sein und
sind dagegen auch am stärksten reguliert.

Vom Prinzip her ist die Rüruprente das private Pendant zur staatlichen
Rentenversicherung, mit dem Unterschied, dass die Rürup-Rente
kapitalgedeckt und nicht umlagefinanziert ist, wie die gesetzliche
Rentenversicherung. Ob eine Rürup-Rente jedoch für Sie in Frage kommt,
sollten Sie nicht allein nur von der staatlichen Förderung abhängig
machen. Sie sollten auch genau überlegen, ob die staatlichen Steuer-

anreize attraktiv genug sind, um die gesetzlich geforderten Einschränkungen zu kompensieren. Damit ein Altersvorsorgeprodukt Anspruch auf staatliche Förderung hat, muss es sehr strenge Voraussetzungen erfüllen:

Förderkriterien der Rürup-Rente

- lebenslange Leibrente
- nicht kapitalisierbar
- nicht vererbbar
- Hinterbliebenenschutz nur für Ehepartner oder Kinder
- nicht übertragbar
- nicht veräußerbar
- nicht beleihbar
- Auszahlung nicht vor Alter 60 (ab 2012 Alter 62)

Im Folgenden wird darauf eingegangen, was die Förderkriterien der Rürup-Rente im Einzelnen für Sie bedeuten könnten. Es hängt ganz wesentlich von Ihren individuellen Wünschen und Vorstellungen ab, ob die jeweiligen gesetzlich vorgeschriebenen Merkmale oder Beschränkungen akzeptabel sind: Für manche Personen ist es ein Leichtes, die Einschränkungen zu akzeptieren, da es im Gegenzug die staatliche Förderung gibt. Andere wiederum haben klare Ansprüche, was die Altersvorsorge leisten soll und was nicht und dann kann eine Rürup-Rente aufgrund der vielen dazugehörigen Zugeständnisse möglicherweise nicht mehr in Frage kommen.

Lebenslange Leibrente

Sämtliche Leistungen sind ausschließlich als lebenslange Leibrente möglich. Wenn Sie besonderen Wert darauf legen, dass das angesparte Kapital oder zumindest ein Teil davon auf einen Schlag ausgezahlt wird, dann kommt die Rürup-Rente für Sie meist nicht mehr in Frage. Besonders kritisch ist eine lebenslange Rente, wenn Sie bereits heute gesundheitlich absehen können, dass Sie die durchschnittliche Lebenserwartung nicht erreichen können. Denn Sie erhalten eine lebenslange Rente, die auf der normalen Lebenserwartung basiert. Wenn Sie vorher versterben sollten, ist eine lebenslange Rente ein großes Verlustgeschäft.

Nicht kapitalisierbar

Die Nichtkapitalisierbarkeit bedeutet einerseits natürlich, wie soeben dargestellt, dass keine Kapitalzahlungen möglich sind, sondern ausschließlich eine lebenslange Rente. Andererseits bedeutet dies aber auch, dass Sie eine Rürup-Rente nicht einfach kündigen können. Wenn Sie einen Rürup-Vertrag kündigen müssen, dann bedeutet dies maximal, dass Sie keine weiteren Beiträge mehr zahlen müssen. Doch das angesammelte Kapital darf Ihnen nicht ausgezahlt werden. Es verbleibt im Vertrag, wird weiter angelegt und erst im Alter als lebenslange Rente ausgezahlt. Wenn Sie einmal dringenden Kapitalbedarf haben sollten, dann sollten Sie aus einer Rüruprente keine Zahlungen erwarten.

Doch es bietet sich in diesem Zusammenhang auch ein großer Vorteil: Dadurch ist auch der Zugriff von allen anderen Stellen ausgeschlossen. Das Vertragsguthaben einer Rürup-Rente kann und darf nicht gepfändet oder auf andere Art und Weise zwangsverwertet werden. Dies gilt insbesondere auch bei Insolvenzverfahren, der Insolvenzverwalter darf Rürup-Renten nicht verwerten. Auch bei der Beantragung von Arbeitslosengeld II bzw. Hartz IV wird das Guthaben eines Rürup-Vertrages nicht herangezogen. Die Pfändungssicherheit gilt jedoch nur in der Beitragsphase. Sobald Sie die lebenslange Rente beziehen, darf diese – genau wie die gesetzliche Rente auch – grundsätzlich gepfändet werden oder wird auf die Grundsicherung im Alter angerechnet.

Nicht vererbbar/ Hinterbliebenenschutz nur für Ehepartner oder Kinder

Die Nichtvererbbarkeit betrifft ebenso den eingeschränkten Hinterbliebenenschutz. Wenn Sie versterben sollten, dann endet der Rürup-

Vertrag grundsätzlich ersatzlos. Das Guthaben des Vertrages kann nicht an Ihre Erben ausgezahlt oder übertragen werden und fällt in der Regel der Versichertengemeinschaft des Produktpartners zu. Einzige Ausnahme: Ausschließlich der Ehegatte oder Kinder könnten, wenn vereinbart, eine Hinterbliebenenleistung erhalten. Die Hinterbliebenenleistung darf nur als Rente ausgezahlt werden. Dazu wird aus dem bisher angesammelten Vertragsguthaben eine lebenslange Rente an die Hinterbliebenen gezahlt, bei Kindern jedoch nur für den Zeitraum, den Sie Kindergeldanspruch gehabt hätten. Alternativ kann nach Rentenbeginn auch eine Rentengarantiezeit vereinbart werden. Dabei wird ein Zeitraum festgelegt, für den garantiert die Rente ausgezahlt wird. Wenn Sie innerhalb der Rentengarantiezeit versterben sollten, wird die Rente bis zum Ende der vereinbarten Garantiezeit an die Hinterbliebenen weitergezahlt. Diese zusätzliche Todesfallleistung gibt es aber nicht umsonst, weil der Versicherer damit ein zusätzliches Risiko übernimmt. Im Gegenzug sinkt die reguläre Altersrente aus dem Rürup-Vertrag. Je länger die Rentengarantiezeit vereinbart wird, desto geringer wird die Altersrente ausfallen. Sehr oft werden auch weitere Todesfallabsicherungen angeboten, doch diese sind gesonderte Zusatzverträge und haben dann nichts mehr mit der Rürup-Rente an sich zu tun und genießen auch nicht die staatliche Rürup-Förderung.

Insbesondere wenn Sie unverheiratet sind und keine minderjährigen Kinder haben, dann sollte Ihnen bewusst sein, dass im Todesfall das gesamte – oft mühsam angesparte Kapital – ersatzlos verfällt.

<u>Nicht übertragbar/ nicht veräußerbar</u>

Dieses Kriterium dient dazu, dass die Nichtvererbbarkeit nicht durch einvernehmliche Übertragungen oder Schenkungen umgangen wird. Auch zu Lebzeiten darf Ihr Vertragsguthaben nicht den Besitzer wechseln. Ebenso können Sie weder den Vertrag selbst, noch Teilbeträge daraus an die gesetzlichen Hinterbliebenen übertragen, verkaufen oder verschenken.

Nicht beleihbar

Obwohl ein Rürup-Vertrag aufgrund der eingezahlten Beiträge ein Guthaben aufweist und sich auch ein präziser Vertragswert in Euro und Cent ermitteln lässt, darf dieser nicht als Kreditsicherheit verwendet oder anderweitig beliehen werden. Laut Absicht des Gesetzgebers darf eine Rürup-Rente ausschließlich dem Zweck der Altersvorsorge dienen. Dies reduziert natürlich Ihre finanziellen Verwendungsmöglichkeiten und sollte immer bedacht werden. Wie bereits dargestellt, bei kurzfristigem akutem Geldbedarf gibt es keine Möglichkeit, die eigene Rürup-Rente „zu Geld zu machen".

Auszahlung nicht vor dem Alter 60

Da die Rürup-Rente ausschließlich der Altersvorsorge dienen darf, kann die Auszahlung der lebenslangen Rente nicht vor dem 60. Geburtstag beginnen. Bei Verträgen, die 2012 und später abgeschlossen werden, gilt ein Mindestalter von 62 Jahren.

Zusammengefasst

Insgesamt werden durch diese Kriterien die Flexibilität und die Verwendbarkeit eines Rürup-Vertrages stark eingeschränkt. Rürup-Renten eignen sich daher nur für diejenigen, die für eine staatliche Förderung bereit sind, sich lebenslang an einen Altersvorsorgevertrag zu binden und bereits jetzt mit Sicherheit wissen, dass das angesparte Kapital nicht für andere Zwecke genutzt werden muss. Für viele sind die Einschränkungen echte K.O.-Kriterien, weshalb dann eine Rürup-Rente nicht mehr in Frage kommt. Vor allem fällt es besonders schwer zu akzeptieren, dass das gesamte Vertragsguthaben im Todesfall einfach verfällt und lediglich der Ehepartner einen vollwertigen Anspruch auf eine Hinterbliebenenversorgung hätte. Alle unehelichen Lebenspartnerschaften sind ausdrücklich von einer Hinterbliebenenregelung ausgenommen. Da es die Rürup-Rente erst seit 2005 gibt, hätte man erwarten können, dass sich die Kriterien ein wenig mehr an den modernen Lebenswirklichkeiten orientieren würde, doch dies ist bisher nicht geschehen.

Die Förderung der Rürup-Rente ist im Wesentlichen an Selbständige gerichtet, doch gerade diese haben wohl den geringsten Nutzen aus solch einem Produkt. Selbständige haben in der Regel keine planbaren Einnahmen und benötigen in den Bereichen Altersvorsorge und Geldanlage vor allem eines: Flexibilität. Doch gerade diese ist bei einer Rürup-Rente sehr eingeschränkt. Die laufende Beitragzahlung lässt sich zwar durchaus flexibel regeln, doch nur wenige Selbständige und Gewerbetreibende können es sich leisten, größere Beiträge für die Altersvorsorge zu investieren, ohne dass diese danach noch Zugriff auf das angesammelte Kapital haben dürfen. Spätestens wenn größere Investitionen anstehen oder bei der nächsten Flaute könnte dann das gebundene Kapital schmerzlich fehlen. Dagegen ist die Pfändungssicherheit schon eher ein Argument für Selbständige. Wer unternehmerische Risiken wagt, muss auch immer mit einem Scheitern rechnen. Das ist an sich nichts schlimmes, immerhin hat man es versucht und es hätte vielleicht auch positiv ausgehen können. Doch wenn einmal die Insolvenz eingeleitet ist und der Gewerbetreibende dann auch noch persönlich haftet, kann der Insolvenzverwalter das gesamte private Vermögen verwerten. Rürup-Renten sind davor geschützt, weder Insolvenzverwalter noch die Sozialbehörden dürfen einen Rürup-Vertrag antasten. Doch der Pfändungsschutz verfällt sofort, wenn Sie die Leistung im Alter beziehen. Die ausgezahlten Renten können dann, genauso wie alle anderen Einkünfte, gepfändet werden, wenn die gesetzlichen Pfändungsfreigrenzen ausgeschöpft sind. Doch Pfändungssicherheit geht auch ohne Rürup-Renten: Jede normale private Rentenversicherung kann nachträglich pfändungssicher gemacht werden. Dazu wird unwiderruflich vereinbart, dass der Versicherungsvertrag bis zum Alter 60 nicht verwertet werden kann und ausschließlich eine lebenslange Rente möglich ist. Vor Hartz IV sind solche Verträge jedoch nur bis zu einem Guthaben von 750€ pro Jahr sicher. Doch gerade bei Hartz IV kann eine Rürup-Rente wieder punkten. Damit können bis zu 20.000€ jährlich – auch kurzfristig als Einmalbeitrag – vor der Anrechnung bei Hartz IV gerettet werden.

Auch die lebenslange Rente kann bereits ein K.O.-Kriterium darstellen. Wenn Sie bereits heute damit rechnen, dass Ihre Lebenserwartung geringer als der Durchschnitt ist – 82 Jahre für Männer und 84 Jahre für Frauen – dann ist jedes Produkt mit einer lebenslangen Rente tendenziell eine schlechte Wahl. Dann sollten Sie besser mit Produkten für das Alter vorsorgen, die eine Kapitalleistung vorhersehen.

Sie sehen, als Voraussetzung für eine staatliche Förderung werden Ihnen viele Hürden in den Weg gelegt. Rürup-Produkte eignen sich wirklich nur für diejenigen, die mit den Nachteilen leben können oder kurzfristig das eigene Vermögen vor dem Zugriff von Hartz IV schützen möchten. Im Folgenden wird nun beschrieben, wie die Förderung der Rürup-Rente funktioniert.

Die staatliche Förderung von Rürup-Renten

Absicht des Gesetzgebers war, dass Rürup-Renten in besonderem Maße staatlich gefördert werden sollen, daher auch die strengen Förderkriterien. Doch wie funktioniert die Förderung und wie hoch ist diese eigentlich?

Die Förderung ist steuerlicher Art und wird im Rahmen der jährlichen Einkommenssteuer gewährt. Damit ein Rürup-Vertrag überhaupt gefördert wird, muss er die bereits beschriebenen Kriterien erfüllen und von der Bundesanstalt für Finanzdienstleistungsaufsicht – bzw. ab 2010 vom Bundeszentralamt für Steuern – zertifiziert worden sein. Die Rürup-Rente ist gemeinsam mit der gesetzlichen Rente ein Teil der ersten Schicht des deutschen Alterssicherungssystems. Die steuerliche Förderung in dieser Schicht geschieht als Sonderausgabenabzug nach §10 EStG.

Der Höchstbetrag

Der maximale Beitrag, der gefördert wird, beläuft sich auf 20.000 Euro jährlich, bei zusammen veranlagten Ehegatten verdoppelt sich dieser auf 40.000 Euro. Dabei ist zu beachten, dass die Beiträge zur gesetzlichen Rente und für eine Rüruprente zusammengerechnet werden. Ein Beispiel:

Bei einem Angestellten mit einem Bruttoeinkommen von 30.000€ fließt bereits ein Gesamtbeitrag von 5.970 Euro in die gesetzliche Rentenversicherung, das heißt, die Rüruprente wird nur bis zu einem verbleibenden Beitrag von 14.030 Euro gefördert.

Berechnungsschema Rürup-Rente

Beitrag gesetzliche Rentenversicherung

_____ €

+   **+**

Beitrag Rürup

_____ €

=   **=**

Summe Beiträge Schicht 1   _____ €

vergleichen mit Höchstbeitrag   20.000€/Verheiratete 40.000€; Beamte
                                         20.000€ minus fiktiver Rentenbeitrag

geringerer Wert davon

_____ €

X   **X**

abzugsfähiger Anteil
(72% für 2011)   _____ €

bei Angestellten:
minus
Arbeitgeberanteil zur Rentenversicherung   _____ €

=   **=**

Sonderausgabenabzug für Schicht 1   _____ €

Staatliche Förderung
(Sonderausgabenabzug x Steuersatz)   _____ €

Bei Beamten und ähnlichen Berufsgruppen, wie Soldaten oder Richtern wird der Höchstbetrag gekürzt. Diese sind nicht in der gesetzlichen Rentenversicherung pflichtversichert, sondern erhalten Ihre Altersbezüge als Pension direkt vom Staat. Doch damit diese gegenüber den Angestell-

ten nicht besser gestellt werden, wird bei ihnen ein fiktiver Rentenversicherungsbeitrag eingerechnet. Dies sorgt dafür, dass Beamte ebenso wie
Arbeitnehmer nicht den vollen Beitrag von 20.000€ für eine Rürup-Rente
ausschöpfen können. Zum Beitrag in die Rüruprente wird ein fiktiver
Rentenversicherungsbeitrag von 19,9% des Gehaltes hinzugerechnet. Es
werden also nur maximal 20.000€ minus dieses fiktiven Rentenversiche-
rungsbeitrages gefördert, so dass diese unterm Strich den gleichen Rürup-
Beitrag sparen können wie ein Arbeitnehmer. Dies betrifft jedoch nur den
förderfähigen Höchstbetrag, eine weitere Kürzung um einen fiktiven
Arbeitgeberbeitrag, ähnlich wie bei den Arbeitnehmern, gibt es nicht.

Übergangsregelung bis 2025: Abzugsfähiger Anteil

Als Übergangsregelung wird vorerst noch nicht der gesamte Beitrag
gefördert, da das Prinzip der nachgelagerten Besteuerung erst allmählich
seit 2005 eingeführt werden soll. Bis zum Jahr 2025 wird deshalb nur ein
Teil des Beitrages gefördert: Bei der Einführung der Rürup-Rente im Jahr
2005 konnten 60% des Beitrages als Sonderausgaben steuerlich abgesetzt
werden. Der absetzbare Anteil steigt jedoch jedes Jahr um zwei Prozentpunkte, für 2011 können somit bereits 72%der Beiträge von der Steuer
ab-gesetzt werden. Ab 2025 kann dann der gesamte Rürup-Beitrag vollständig von der Steuer abgesetzt werden.

Tabelle 4: steuerlich abzugsfähiger Anteil der Beiträge in Schicht 1								
Jahr	2005	2010	2011	2012	2013	2014	2015	2020	ab 2025
Anteil	60%	70%	72%	74%	76%	78%	80%	90%	100%

Abzüge bei Angestellten

Für Angestellte wird die Förderproblematik etwas komplizierter:
Beamte, Selbständige und Gewerbetreibende können einfach den abzugs-
fähigen Beitrag in die Steuererklärung eintragen. Darüber hinaus gibt es
normalerweise keine Kürzungen oder Sonderregelungen für diese
Berufsgruppen.

staatliche Förderung: ein Beispiel		
Selbständiger	**Arbeitnehmer**	**Beamte**
Einkommen		
30.000 €	30.000 €	30.000 €
Beitrag gesetzliche Rentenversicherung		
/	5.970 €	/
Beitrag Rürup-Rente		
6.000 €	6.000 €	6.000 €
Summe Beiträge		
6.000€	11.970€	6.000€
Höchstbetrag		
20.000 €	20.000 €	14.030€ (20.000€ minus 5.970€ fiktiver Rentenbeitrag)
geförderter Beitrag		
6.000€	11.970€	6.000€
anzusetzender Beitrag (72% für 2011)		
4.320	8.618 €	4.320 €
minus Arbeitgeberanteil		
/	-2.985€	/
Sonderausgabenabzug		
4.320	5.633	4.320
Steuerersparnis (Steuersatz 30%)		
1.296€	gesetzliche Rente: **594€** Rürup-Rente: **1296€**	1.296€
Förderquote:		
21,6%	gesetzliche Rente: **10%** Rürup-Rente: **21,6%**	21,6%

Quelle: Eigene Berechnungen, Steuersätze sind beispielhaft

Anders sieht es jedoch bei Arbeitnehmern aus. Arbeitnehmer setzen bei den Beiträgen zur Schicht 1 zunächst den gesamten Beitrag für die gesetzliche Rentenversicherung an – also Arbeitgeber- und Arbeitnehmeranteil – plus die Rürup-Rente. Weil der Arbeitgeberbeitrag jedoch vom Arbeitgeber getragen wurde, muss dieser vom absetzbaren Anteil wieder abgezogen werden. Dies bedeutet finanziell, dass Beiträge zur gesetzlichen Rentenversicherung bis zum Ende der Übergangsfrist 2025 zu einem noch geringeren Anteil als in Tabelle 4 angesetzt werden. Die zusätzlich zur gesetzlichen Rente gezahlten Beiträge zur Rürup-Rente werden dadurch aber nicht schlechter gestellt.

Die Besteuerung in der Leistungsphase

Die steuerliche Förderung gibt es natürlich nicht umsonst. Genau wie bei den gesetzlichen Renten, müssen die Zahlungen im Alter versteuert werden. Wie hoch die Besteuerung ausfällt, hängt davon ab, wann die Rente beginnt: Alle Renten, die 2005 und früher begannen, werden mit einem Anteil von 50% besteuert. Dies betraf damals alle Rentner, auch diejenigen, die bisher keine Steuern zu zahlen hatten. Der steuerfreie Betrag bleibt dann für das gesamte Leben erhalten.

Der zu versteuernde Anteil steigt für einen Rentenbeginn bis 2020 jährlich um zwei Prozent auf 80% und danach bis 2040 um ein Prozent jährlich. Alle, die erstmals ab 2040 und später ihre Rente beziehen, müssen diese dann komplett versteuern.

Was auch manchen Experten nicht bekannt ist: Ihr steuerfreier Anteil ist zu Rentenbeginn zwar ein prozentualer Anteil, doch dieser wird von den Finanzbehörden in einen Freibetrag umgerechnet. Wenn Ihre Renten steigen, dann steigt der Freibetrag jedoch nicht mit. Alle zukünftigen Rentensteigerungen werden daher zu 100% versteuert. Gerade bei Rürup-Renten kann dies steuerlich zu Nachteilen führen, wenn Sie das nicht vorher berücksichtigen: Bei den meisten Anbietern können Sie wählen, ob Sie mit einer kleineren Rente beginnen, die im Laufe der Jahre steigt. Oder aber Sie entscheiden sich für eine andere Variante, bei der die Rente zu Beginn etwas höher ist, dafür steigt diese in den folgenden Jahren weniger stark. Bei der ersten Variante sind Sie zumindest steuerlich im Nachteil, da nur die kleineren Anfangsrenten den Maßstab für den Freibetrag bilden und die Rentensteigerungen dagegen zu 100% versteuert werden müssen.

Die verschiedenen Produktvarianten

Die Rürup-Rente ist natürlich kein Produkt an sich, sondern vielmehr eine gesetzliche Regelung, wie ein Altersvorsorgeprodukt grundsätzlich ausgestaltet sein soll. Alles Weitere bleibt den Produktanbietern überlassen. Grundsätzlich können Sie zwischen zwei Produktkategorien wählen: Die Rürup-Rente als private Rentenversicherung und als Investmentfondssparplan.

Investmentfondssparpläne

Bei Investmentfondssparplänen werden die Beiträge in Investmentfonds eingezahlt, die speziell für die Basis-Rente angeboten werden. Nach Ende der Ansparphase, sprich zu Beginn des Rentenbezugs wird das angesammelte Kapital in eine sofortbeginnende Rentenversicherung eingezahlt, die Ihnen dann die lebenslange Leibrente auszahlt. In der Praxis sind Fondssparpläne im Rahmen der Rürup-Rente eher von untergeordneter Bedeutung. Außerdem ähneln diese sehr stark den Fondssparplänen, die im Rahmen der Riester-Rente angeboten werden. Daher wird hier nicht weiter auf diese Variante eingegangen.

Die überwiegende Mehrzahl der Rürup-Verträge sind private Rentenversicherungen. Bei diesen gibt es drei Varianten, aus denen Sie frei wählen können: Die erste ist die sogenannte klassische Rürup-Rente, als Zweites folgt die fondsgebundene Rürup-Rente und zu guter Letzt noch die britische Rürup-Rente.

Die klassische Rürup-Rente

Bei der klassischen Rürup-Rente fließt der Sparanteil der gezahlten Beiträge in das Anlagevermögen der Versicherungsgesellschaft – Deckungsstock genannt. Die Mittel werden von der Versicherungsgesellschaft selbst verwaltet und werden überwiegend in sichere Rentenpapiere und Immobilien und zu einem geringen Teil in riskantere Anlagen, wie z.B. Aktien angelegt. Sie sind als Versicherter an den Überschüssen aus diesen Anlagen und an den weiteren Überschüssen (z.B. Risikogewinnen) beteiligt. In der Regel wird Ihnen eine Mindestverzinsung von 2,25% zugesagt, diese ist für die gesamte Laufzeit des Vertrages garantiert. Für alle Verträge, die ab 2012 abgeschlossen werden, beträgt die Mindestverzinsung nur noch 1,75%. Dank dieser Mindestverzinsung wird Ihnen bei der klassischen Rente ein bestimmtes Mindestguthaben bzw. eine bestimmte monatliche Rente garantiert. In der Regel erwirtschaften die Versicherungsgesellschaften jedoch höhere Überschüsse als die garantierten Werte. Für 2011 liegen die Überschüsse je nach Anbieter meist zwischen vier und fünf Prozent. Diese Überschüsse erhöhen das Vertragsguthaben und auch die insgesamt ausgezahlte monatliche Rente. Da sich die Finanzkraft und die Überschüsse von Versicherer zu Versicherer stark unterscheiden können, lohnt es sich hier, mehrere Angebote zu vergleichen. Auch das eigens für dieses Buch zur besseren Vergleichbarkeit der verschiedenen Vorsorgesysteme geschaffene Hilfsmittel der „Musterversicherung" funktioniert nach dem Prinzip der klassischen Rentenversicherung.

Die Risiken der klassischen Rentenversicherung sind sehr gering. Sie bekommen für die Laufzeit des Vertrages eine garantierte Verzinsung zugesagt. Im schlimmsten Falle einer Insolvenz des Versicherers bleibt das Guthaben erhalten. Die eigens für solche Fälle gegründete Protektor-AG führt Ihren Vertrag dann weiter.

Da die Lebensversicherungsgesellschaften aufgrund der Garantieversprechen sehr konservativ investieren müssen, sind aber auch die Chancen stark begrenzt. Ein Großteil der Anlagen wird in sichere Staatsanleihen investiert, die derzeit nur wenig Rendite abwerfen. Riskantere, aber auch renditestärkere Anlagen, wie Aktien und alternative Investments machen nur einen kleinen Anteil aus. Hohe Renditen sind mit klassischen Rentenversicherungen daher nicht zu erwarten.

Die fondsgebundene Rürup-Rente

Bei der fondsgebundenen Rürup-Rente werden die Sparanteile der Beiträge in Investmentfonds investiert. Die Aufteilung der Anlage auf die verschiedenen Fonds bestimmen Sie selbst. In der Regel wird eine ausreichende Anzahl verschiedener Fonds angeboten: Aktienfonds, Rentenfonds, Immobilienfonds und weitere. Je nach Gesellschaft ist die Auswahl und die Qualität der angebotenen Investmentfonds sehr unterschiedlich – ein Vergleich der verschiedenen Produkte ist daher sehr empfehlenswert. Der Vorzug fondsgebundener Produkte liegt darin, dass Sie durch die freie Fondsauswahl das Chancen-Risikoprofil im Versicherungsvertrag selbst bestimmen und auch höhere Chancen als bei der klassischen Versicherung nutzen können. Die Kehrseite der Medaille ist, dass Sie auch das Anlagerisiko selbst tragen. Ohne sorgfältig durchdachte Anlagestrategie kann eine fondsgebundene Versicherung schnell zu negativen Überraschungen führen.

Es gibt auch fondsgebundene Rentenversicherungen mit Garantien. Dabei gibt es verschiedene Möglichkeiten, wie die Garantien in das Produkt integriert sind. Diesen Produkten wird später im Buch ein eigener Abschnitt gewidmet. Fürs Erste kann aber festgehalten werden: Keine Garantie gibt es umsonst. Garantieprodukte haben oft Ihre eigenen Gesetzmäßigkeiten und zeichnen sich allesamt durch eine mehr oder weniger starke Beschränkung der Anlagechancen aus.

Die britische Rürup-Rente

Eine dritte Produktvariante ist die britische Rentenversicherung. Die Anbieter sind in der Regel Versicherungsgesellschaften aus dem angelsächsischen Raum und investieren die Sparanteile der Beiträge nach britischem Vorbild. Im Vergleich zu den deutschen Versicherern gibt es auch hierbei diverse Garantieversprechen, aber die Garantien sind an Bedingungen geknüpft und meist geringer. Im Gegenzug sind bei den britischen Rentenversicherungen höhere Gewichtungen von riskanten, dafür aber auch rentableren Anlagen, wie Aktien, möglich. Charakteristisch für diese Produkte ist die Glättung des Wertzuwachses. In besonders starken Jahren wird ein Teil der Gewinne einbehalten. Diese werden später in schlechteren Jahren wieder gutgeschrieben, so dass die Anlage insgesamt weniger stark schwankt. Zusammengefasst bieten die britischen Versicherungen höhere Anlagechancen als die deutschen, geben aber dennoch eine Kapitalgarantie, auch wenn diese geringer ist als bei klassischen Versicherungen. Rürup-Renten britischer Art unterscheiden sich zwischen den Anbietern recht deutlich in manchen Details, zum Beispiel bei der Garantie, der Anlagepolitik und dem Insolvenzschutz. Deshalb sollten Sie den einzelnen Vertragsbedingungen besondere Aufmerksamkeit schenken.

Mögliche Zusatzabsicherungen

Im Rahmen der Rürup-Rente kann auch eine Invaliditätsabsicherung, wie beispielsweise eine Berufsunfähigkeitsrente integriert werden, sofern der Beitragsanteil dafür maximal 49% des Gesamtbetrages ausmacht. Üblicherweise ist das eine Berufsunfähigkeitsabsicherung. Ob sich dies jedoch tatsächlich lohnt, sollte genau geprüft werden: Wenn etwa durch Beitragsanpassungen beim zusätzlichen Versicherungsschutz der Risikoanteil am Gesamtbeitrag über 50% steigt, verliert automatisch der gesamte Vertrag die Förderfähigkeit und die steuerlichen Vorteile müssen zurückgezahlt werden. Außerdem müssen Sie die Leistungen, beispielsweise die Berufsunfähigkeitsrente, nach den Regelungen für Rürup-Renten versteuern. Normale Berufsunfähigkeitsrenten werden jedoch mit dem zumeist relativ niedrigen Ertragsanteil besteuert. Hinzu kommt noch die Knebelwirkung eines einzelnen großen Vertrages: Wenn Sie den Beitrag für Ihre Rüruprente mit Invaliditätsabsicherung nicht oder nicht mehr vollständig aufbringen können, verlieren Sie oft auch den Versicherungsschutz zu einem großen Teil. In dieser Hinsicht wäre es besser, zusätzlich zu einer reinen Rürup-Rente einen separaten Berufsunfähigkeitsvertrag abzuschließen, der einzeln auch bei Zahlungsschwierigkeiten eher bedient werden kann.

Für wen lohnt sich die Rürup-Rente finanziell

Die Rürup-Rente eignet sich besonders für ältere, gut verdienende Selbständige, die nur noch wenig Zeit zum Aufbau einer Altersvorsorge haben. Die Berechnungen mit Hilfe der Muster-Versicherung zeigen, dass der Vorteil aus der Rürup-Rente umso größer wird, je näher der Rentenbeginn liegt und je höher der Steuersatz ist. In der nachfolgenden Tabelle sind die finanziellen Auswirkungen der Rürup-Förderung auf die bereits vorgestellte „Musterversicherung" dargestellt.

Die staatliche Förderung der Rüruprente

Einkommen

15.000€			20.000€			30.000€			50.000€		
Laufzeit bis zum Ruhestand (Jahre)											
10 Jahre	20 Jahre	30 Jahre	10 Jahre	20 Jahre	30 Jahre	10 Jahre	20 Jahre	30 Jahre	10 Jahre	20 Jahre	30 Jahre
Steuersatz heute											
15%			25%			30%			40%		
Steuersatz im Alter (laut Faustformel)											
5%			15%			20%			30%		
Rendite der ungeförderten Musterversicherung (garantiert und inkl. Überschüsse)											
1,42%	1,39%	1,36%	1,42%	1,39%	1,36%	1,42%	1,39%	1,36%	1,42%	1,39%	1,36%
3,71%	3,76%	3,74%	3,71%	3,76%	3,74%	3,71%	3,76%	3,74%	3,71%	3,76%	3,74%
Rendite der Rürup-Musterversicherung (garantiert und inkl. Überschüsse)											
1,93%	1,81%	1,69%	1,96%	1,83%	1,69%	1,98%	1,84%	1,69%	2,03%	1,87%	1,69%
4,22%	4,16%	4,05%	4,22%	4,16%	4,02%	4,23%	4,16%	4,01%	4,24%	4,15%	3,98%
Renditevorteil Rürup-Rente (garantiert und inkl. Überschüsse)											
0,51%	0,42%	0,33%	0,54%	0,44%	0,33%	0,56%	0,45%	0,33%	0,61%	0,48%	0,33%
0,51%	0,40%	0,31%	0,51%	0,40%	0,28%	0,52%	0,40%	0,27%	0,53%	0,39%	0,24%

Quelle: Eigene Berechnungen anhand der Musterversicherung, Steuersätze sind beispielhaft

Betrachtet man die unterschiedlichen Laufzeiten, dann genießen diejenigen, die nur noch 10 Jahre bis zum Ruhestand Zeit haben, einen höheren Renditevorteil aus der Rürup-Rente als bei längeren Zeiträumen. Die zusätzliche jährliche Rendite allein aus der Rürup-Förderung liegt dann bei 0,5% bis 0,6%. Das klingt zunächst nicht viel, doch über die Jahre der Laufzeit summiert sich auch dies zu einem spürbaren Unterschied. Der Vorteil liegt unter anderem in der reduzierten Versteuerung im Alter: Wenn Sie nach einer 10-jährigen Laufzeit im Jahre 2021 in Rente gehen, würden Sie beispielsweise von einem lebenslangen Freibetrag in einer Höhe von 19% der ersten Rente profitieren, während bei der 30-jährigen Laufzeit die Rente zu 100% versteuert werden muss, obwohl die Beiträge nicht vollständig abgesetzt werden konnten.

Des Weiteren sollte aufgrund der steuerlichen Förderung zu erwarten sein, dass diejenigen mit einem höheren Steuersatz auch stärker von der Rürup-Rente profitieren sollten: Bei Laufzeiten bis 20 Jahre ist das auch so. Doch bei längeren Laufzeiten schlägt die Besteuerung im Alter zu, so dass ein Großteil der Förderung dadurch wieder verloren geht und dies geht besonders zulasten der Besserverdienenden mit einem hohen Steuersatz.

Insgesamt ist der rein finanzielle Vorteil einer Rürup-Rente zwar vorhanden, in der Höhe sehr oft jedoch recht überschaubar. Für diejenigen, die eine Riester-Rente oder eine betriebliche Altersvorsorge nutzen können, sind diese oft eine bessere Wahl. Einerseits ist die Förderung meist attraktiver, andererseits sind die Produktanforderungen nicht so streng.

Fazit Rürup-Rente:

Für die meisten Selbständigen ist die Rürup-Rente die einzig mögliche Form der Altersvorsorge mit staatlicher Förderung. Wenn Sie selbständig sind und die gesetzlich auferlegten Einschränkungen akzeptieren können, dann ist die Rürup-Rente durchaus einen Blick wert.

Doch die Rürup-Rente hat sehr restriktive Produktanforderungen, damit die steuerlichen Vorteile überhaupt genutzt werden dürfen. Im Vergleich zu den anderen Arten der staatlich geförderten Altersvorsorge hat die Rürup-Rente die meisten Einschränkungen. Für viele Sparer sind diese Anforderungen zu streng, so dass diese sich eher nach flexibleren Alternativen umsehen sollten.

Wenn Sie die Möglichkeit haben, andere staatlich geförderte Altersvorsorgeformen zu nutzen, wie die betriebliche Altersvorsorge oder die Riester-Rente, dann ist es oft besser, diese Möglichkeiten zuerst auszuschöpfen. Denn hierbei sind die Anforderungen an die Produkte nicht so streng und auch die Förderung ist sehr oft attraktiver. Wenn diese Varianten ausgeschöpft sind und immer noch Vorsorgebedarf besteht, dann kann die Rürup-Rente jederzeit als weiteres Instrument einer staatlich geförderten Altersvorsorge abgeschlossen werden, auch wenn dies von der Reihenfolge her der Intention des Gesetzgebers widerspricht.

Die betriebliche Altersvorsorge

Die betriebliche Altersvorsorge ist bei vielen Arbeitnehmern kaum bekannt. Eindeutig zu Unrecht, denn für die meisten Angestellten ist die betriebliche Altersvorsorge eine bequeme und attraktive Art, für das Alter vorzusorgen. Dabei hat jeder Arbeitnehmer einen Rechtsanspruch darauf, dass der eigene Arbeitgeber eine betriebliche Altersvorsorge per Entgeltumwandlung anbietet. Es stellt sich daher nicht die Frage, ob eine Betriebsrente vom Chef angeboten wird, sondern nur noch, wie diese ausgestaltet sein soll.

Doch wie funktioniert dies eigentlich? Grundlage einer jeden betrieblichen Altersvorsorge ist eine Zusage Ihres Arbeitgebers. Dieser verspricht Ihnen entweder direkt eine bestimmte Leistung im Alter oder aber zumindest, heute einen monatlichen Beitrag in eine Altersvorsorge einzuzahlen aus der Sie dann im Alter Ihre Leistung erhalten. Zum Beispiel zahlt Ihr Arbeitgeber bei einer Direktversicherung den monatlichen Beitrag in eine Rentenversicherung ein und Sie erhalten von dieser dann Ihre Betriebsrente ausgezahlt. Mit der heutigen Gesetzeslage ist dies für den Arbeitnehmer fast immer so geregelt, dass dieser keine Nachteile oder Ausfälle fürchten muss. Sogar bei einer Insolvenz des Arbeitgebers sind nahezu alle Pensionsansprüche abgesichert.

Auch wenn die betriebliche Altersvorsorge kaum bekannt ist und auf den ersten Blick ein wenig kompliziert erscheinen mag, kein Arbeitnehmer kommt daran vorbei, sich zumindest Gedanken darüber zu machen. Dafür sind die Vorteile viel zu attraktiv. Vor allem dann, wenn der Chef einen freiwilligen Zuschlag gewährt, ist die betriebliche Altersvorsorge eine besonders lohnenswerte und gleichzeitig sehr sichere Art für das Alter vorzusorgen.

Die 5 Durchführungswege

Es gibt insgesamt 5 verschiedene Arten, wie eine betriebliche Altersvorsorge finanziert werden kann, mit jeweils unterschiedlichen rechtlichen und finanziellen Eigenschaften. Diese wären: Direktzusage, Unterstützungskasse, Pensionsfonds, Pensionskasse und die Direktversicherung.

Direktzusage

Bei der Direktzusage sichert Ihnen Ihr Arbeitgeber eine Leistung zu und finanziert die Leistungen selbst. In der Bilanz des Unternehmens werden dazu Rückstellungen gebildet, die in der Leistungsphase wieder aufgelöst werden. Wie genau die Finanzierung der Zusage erfolgt, ist allein Sache des Unternehmens, es kann selbst eine passende Anlagestrategie dazu umsetzen, eine Versicherung abschließen oder die Leistungen aus dem laufenden Geschäftsbetrieb zahlen.

Einige Direktzusagen waren und sind in der Praxis stark unterfinanziert. Unter anderem weil die steuerliche Behandlung von Pensionszusagen bis vor einigen Jahren stark von der Realität abgewichen ist. Eine Altersvorsorgezusage ist schnell erteilt, da die Leistungen erst in vielen Jahren fällig sind. Wenn die Zusagen jedoch nicht konsequent durchfinanziert sind, ist auch schnell das Überleben des Unternehmens in Gefahr, wenn es die angesammelten Betriebsrenten nicht mehr zahlen kann. Die betroffenen Betriebsrentner haben zwar keine schwerwiegenden Nachteile, da der eigens dafür gegründete Pensionssicherungsverein e.V. für die Renten aufkommt. Doch es zeigt, dass das Haftungspotential des Arbeitgebers bei Direktzusagen enorm ist und die betriebliche Altersvorsorge gerade von der Arbeitgeberseite her ausführlich geplant sein sollte.

Die Direktzusage ist der ursprüngliche und damit älteste Weg der betrieblichen Altersvorsorge. Insbesondere Altersvorsorgezusagen, die bereits einige Zeit bestehen, sind in der Regel Direktzusagen. Aufgrund des hohen Finanzierungsrisikos und mit dem Auftreten der verschiedenen neueren Durchführungswege wird die Direktzusage aber allmählich abgelöst.

Unterstützungskasse

Die Unterstützungskasse ist eine rechtlich eigenständige Institution, oftmals ein eingetragener Verein, mit dem die Finanzierung der Altersvorsorgezusage zwischen Arbeitnehmern und Arbeitgeber sichergestellt wird. Im Prinzip stattet der Arbeitgeber die Unterstützungskasse mit den nötigen finanziellen Mitteln aus, die diese zielgerecht verwaltet und womit dann später die Vorsorgeleistungen erbracht werden sollen. Unterstützungskassen unterliegen keiner strengen Aufsicht und sind in der Anlagepolitik relativ frei. Deshalb sind diese im Ernstfall durch den Pensionssicherungsverein e.V. abgesichert.

In der Praxis finanzieren die Unterstützungskassen Ihre Leistungen sehr oft mit Hilfe von speziellen Rentenversicherungen – diese werden dann rückgedeckte Unterstützungskassen genannt.

Da die Beiträge für eine Unterstützungskasse unbegrenzt steuerfrei sind, ist diese besonders für leitende Angestellte interessant, die über den maximalen Förderrahmen der anderen Durchführungswege hinaus eine betriebliche Altersvorsorge aufbauen wollen.

Pensionsfonds

Der Pensionsfonds ist der jüngste Vorsorgeweg und wurde 2002 als eigenständiger Durchführungsweg eingeführt. In vielen Ländern ist der Pensionsfonds der übliche Weg der betrieblichen Altersvorsorge, z.B. in den USA oder den Niederlanden. Hierzulande sind jedoch Arbeitgeber, Gewerkschaften und die Arbeitnehmer bisher sehr zurückhaltend bei dieser Finanzierungsform. Lediglich ein geringer Anteil der Pensionszusagen wird über Pensionsfonds finanziert.

Pensionsfonds zählen neben den Pensionskassen und Direktversicherungen zu den sogenannten versicherungsförmigen Durchführungswegen. Deren Gemeinsamkeit liegt darin, dass von den gezahlten Beiträgen für jeden Arbeitnehmer ein konkretes Vertragsguthaben aufgebaut wird und dieses auch „mitgenommen werden kann". Bei einem Arbeitgeberwechsel z.B. kann das Guthaben in der Regel problemlos auf das Altersvorsorgesystem des neuen Arbeitgebers übertragen werden. Bei Direktzusage und Unterstützungskasse ist das nicht möglich.

Pensionsfonds unterliegen der deutschen Finanzdienstleistungsaufsicht, müssen jedoch nicht die strengen Anforderungen für Versicherungen erfüllen und sind deshalb bei den Finanzanlagen nicht so beschränkt wie normale Versicherungsprodukte. Rentablere Anlagen wie z.B. Aktien können dadurch einen höheren Anteil an der Geldanlage innehaben, wodurch aber auch das Anlagerisiko steigen kann. Deshalb sind Zusagen, die mittels Pensionsfonds finanziert werden, obligatorisch durch den Pensionssicherungsverein e.V. abgesichert.

Pensionskasse

Die Finanzierung einer betrieblichen Altersvorsorge per Pensionskasse erfolgt – ähnlich wie die Direktversicherung – mittels einer Rentenversicherung. Pensionskassen sind eigenständige Versicherungsunternehmen, die speziell für die betriebliche Altersvorsorge gegründet wurden. Diese unterliegen der deutschen Versicherungsaufsicht und funktionieren im Prinzip wie jedes andere Versicherungsunternehmen, mit der Besonderheit, dass ausschließlich betriebliche Versorgungen abgesichert werden. Praktisch jeder große deutsche Versicherungskonzern hat heute eine Pensionskasse in seinem Versicherungsverbund.

Da Pensionskassen, wie jede Versicherungsgesellschaft, strenge Kapital- und Anlagevorschriften einhalten müssen, ist keine zusätzliche Absicherung durch den Pensionssicherungsverein e.V. vorgesehen. Da alle Risiken versicherungsmathematisch kalkuliert sind und aufgrund der aufsichtsrechtlichen Regelungen ausreichend Kapital vorhanden ist, wird davon ausgegangen, dass Pensionskassen und auch Direktversicherungen stets in der Lage sind, ihre Verpflichtungen zu erfüllen. Im Unterschied zu den Direktversicherungen bieten vereinzelte Pensionskassen auch höhere Garantiezinsen als derzeit 2,25% an.

Auch bei Pensionskassen ist das Vertragskapital im Bedarfsfall, z.B. bei Arbeitgeberwechsel, übertragbar.

Der vielleicht wichtigste Unterschied zu den Direktversicherungen der „normalen" Lebensversicherungsgesellschaften ist die Kapitalbasis. Während die großen Lebensversicherer über Kapital in Milliardenhöhe verfügen, sind die Pensionskassen als spezialisierte Versicherungen teilweise deutlich kleiner. Außerdem führt jede Pensionskasse Ihre Kapitalanlage in Eigenverantwortung durch. Dies muss nicht gleich einen Nachteil bedeuten, doch Sie sollten sich bewusst sein, dass ein großer kapitalstarker Lebensversicherer und die gleichnamige Pensionskasse zwei unterschiedliche Versicherungsunternehmen sind, die im Zweifelsfall nur den Namen gemein haben.

Direktversicherung

Bei der Direktversicherung schließt der Arbeitgeber eine betriebliche Rentenversicherung auf den Arbeitnehmer bei einem Lebensversicherungsunternehmen ab. Das Prinzip ist also das gleiche, wie bei der Pensionskasse, nur dass eben bei einem „normalen" Versicherungsunternehmen abgeschlossen wird, das neben betrieblichen auch noch private Absicherungen anbietet. Auch bei einer Direktversicherung kann auf die Absicherung im Pensionssicherungsverein e.V. verzichtet werden und das Vertragskapital kann auch hier problemlos übertragen werden.

Bei den Neuabschlüssen ist die Direktversicherung der beliebteste Durchführungsweg. Nicht ohne Grund ist das so, denn die Direktversicherung ist der flexibelste und auch verständlichste Durchführungsweg: Das Prinzip einer Rentenversicherung ist nahezu jedem bekannt – es werden Beiträge eingezahlt, diese werden angelegt und im Alter bekommt der Versicherte eine lebenslange Rente. Außerdem sind die deutschen Versicherer als sicher und kapitalstark bekannt, so dass diesen die Finanzierung der Altersvorsorge am ehesten anvertraut wird. Eine Besonderheit bei der Direktversicherung ist, dass es eine Vielzahl unterschiedlicher Angebote auf dem Versicherungsmarkt gibt weil nahezu jedes Lebensversicherungsunternehmen mindestens ein Direktversicherungsprodukt anbietet. Deshalb kann theoretisch für jeden Angestellten eine andere Versicherung abgeschlossen werden. Grundsätzlich haben Sie bei der Direktversicherung, ebenso wie den weiteren privaten Rentenversicherungen die Wahl zwischen den Varianten klassische Rentenversicherung oder fondsgebundene und britische Rentenversicherung. Mit einer Einschränkung: Bei den fondsgebundenen Rentenversicherungen werden üblicherweise nur Produkte mit Garantie angeboten, da bei einer betrieblichen Altersvorsorge zumindest die eingezahlten Sparbeiträge zu Rentenbeginn zur Verfügung stehen müssen. Dadurch können die persönlichen Wünsche und Ansprüche der Arbeitnehmer optimal berücksichtigt werden indem jeder das für ihn passende Produkt angeboten bekommt. Bei den anderen Durchführungswegen ist dies nicht ohne Weiteres möglich oder sinnvoll, dort gilt für alle Angestellten meist nur ein einheitliches Versorgungssystem.

Unzählige verschiedene Direktversicherungen in einem Unternehmen sind aber auch nicht ideal, da schnell der Überblick verloren gehen kann. Eine sinnvolle Variante ist es oft, für die vorsichtigen Anlegertypen eine klassische Rentenversicherung mit Mindestverzinsung und für die chancenorientierten Naturen eine britische oder fondsgebundene Rentenversicherung anzubieten, womit diese zielgerichtet auf die Entwicklung der Aktienmärkte setzen können.

Pensionsfonds, Pensionskasse und Direktversicherung sind die einzigen Durchführungswege, für die der Rechtsanspruch des Arbeitnehmers auf Entgeltumwandlung verbindlich gilt. Deshalb wird sich das verbleibende Kapitel im Wesentlichen auf diese drei Durchführungswege beschränken.

Arbeitgeberfinanzierte und arbeitnehmerfinanzierte betriebliche Altersvorsorge

Eine betriebliche Altersvorsorge wird zwar immer vom Arbeitgeber vertraglich zugesagt, doch es gibt Unterschiede darin, wer diese tatsächlich bezahlt. Es gibt also arbeitgeberfinanzierte und auch arbeitnehmerfinanzierte Betriebsrenten.

Arbeitnehmerfinanzierte Betriebsrenten

Bei dieser Form trägt der Arbeitnehmer die Finanzierung aus seinem eigenen Gehalt. Der monatliche Beitrag wird vom Bruttogehalt abgezogen und es gilt dann ein neues, reduziertes Bruttogehalt. Dieses niedrigere Gehalt ist dann die neue Grundlage für den Lohnsteuerabzug und die Sozialabgaben. Die Ersparnis aufgrund der geringeren Abzüge ist dann Ihre staatliche Förderung, die zum Teil auch sehr attraktiv ausfallen kann. Da Sie die betriebliche Altersvorsorge mit eigenem Geld finanzieren, ist gesetzlich geregelt, dass die Altersvorsorgezusage sofort unverfallbar ist. Sprich: Niemand kann Ihnen die mit den geflossenen Beiträgen finanzierte Anwartschaft wieder wegnehmen.

Weil dadurch ein Teil des Gehaltes in eine Altersvorsorgeanwartschaft umgewandelt wird, nennt man diese Finanzierungsform Entgeltumwandlung. Im Unternehmen wird dies in der Regel durch eine schriftliche Entgeltumwandlungsvereinbarung zwischen Arbeitgeber und Arbeitnehmer geregelt. Genau darauf bezieht sich auch der Rechtsanspruch eines Arbeitnehmers auf Entgeltumwandlung, jeder Angestellte hat auf diesem Wege die Möglichkeit, sich eine betriebliche Altersvorsorge aus dem eigenen Bruttogehalt aufzubauen.

Arbeitgeberfinanzierte Betriebsrenten

Bei der arbeitgeberfinanzierten Variante behält der Arbeitnehmer sein komplettes Bruttogehalt, vielmehr leistet der Arbeitgeber zusätzlich noch Beiträge in eine betriebliche Altersvorsorge. Da dies eine freiwillige Zusatzleistung des Arbeitgebers ist, haben Arbeitnehmer darauf keinen Rechtsanspruch. Außerdem können arbeitgeberfinanzierte Altersvorsorgezusagen in bestimmten Fällen wieder verfallen bzw. rückgängig gemacht werden.

Die gesetzliche Regelung sieht vor, dass alle Zusagen, die 2001 und später erteilt wurden, erst dann unverfallbar sind, wenn die Zusage mindestens fünf Jahre besteht und der Arbeitnehmer mindestens 30 Jahre alt ist. Nur dann ist die Zusage unverfallbar und der Leistungsanspruch ist verbindlich. Wenn das nicht erfüllt ist, kann die Zusage möglicherweise noch verfallen oder rückgängig gemacht werden.

Mischformen

Selbstverständlich können auch beide Varianten kombiniert werden. Beispielsweise, wenn eine Entgeltumwandlung über einen bestimmten Betrag vereinbart wird und der Arbeitgeber darüber hinaus noch einen freiwilligen Zuschuss zahlt. Der umgewandelte Beitrag ist arbeitnehmerfinanziert und deshalb sofort unverfallbar, der freiwillige Zuschuss ist arbeitgeberfinanziert und möglicherweise noch nicht unverfallbar. Damit deshalb keine Streitigkeiten aufkommen, sollten die Details schriftlich festgehalten werden. Außerdem kann von beiden Seiten vereinbart werden, dass der Arbeitnehmerbeitrag und gleichzeitig auch der freiwillige Arbeitgeberzuschuss sofort unverfallbar sind.

Wie sind Altersvorsorgezusagen vertraglich geregelt?

Grundsätzlich kann man betriebliche Altersvorsorgezusagen von der Form her in drei Kategorien einteilen: Tarifvertragliche Regelungen, kollektive Regelungen und individuelle Einzelregelungen.

Des Weiteren gibt es drei zulässige Varianten, welche Leistungen zugesagt werden bzw. welche Verpflichtungen der Arbeitgeber insgesamt übernimmt (Leistungszusage, beitragsorientierte Leistungszusage oder Beitragszusage mit Mindestleistung).

Tarifvertragliche Regelung

In praktisch jedem Tarifvertrag seit 2005 ist auch die betriebliche Altersvorsorge geregelt. Für alle tarifgebundenen Unternehmen und solche, die sich an Tarifverträgen orientieren, ist festgelegt, zu welchen Konditionen und in welchem Durchführungsweg die betriebliche Altersvorsorge zu erfolgen hat. In der Regel sind dort immer die gesetzlichen Mindestanforderungen aufgenommen und um spezielle Regelungen ergänzt, wie mögliche Arbeitgeberzuschüsse, Rahmenverträge mit Versicherungsgesellschaften usw.

Kollektive Regelungen

Diese kommen sehr oft bei größeren Unternehmen vor, für die kein Tarifvertrag gilt. Hier ist die betriebliche Altersvorsorge für die gesamte Belegschaft oder einzelne Gruppen durch Betriebsvereinbarung oder ähnliches geregelt.

Individuelle Regelungen

Wenn noch keine Regelung für die betriebliche Altersvorsorge existiert, dann müssen die Bedingungen und Konditionen individuell zwischen Arbeitgeber und Arbeitnehmer ausgehandelt und vereinbart werden. Dies kommt insbesondere bei kleineren Unternehmen mit wenigen Arbeitnehmern sehr häufig vor. Bei mittleren bis großen Unternehmen sind Aufwand und Fehleranfälligkeit bei Einzelzusagen jedoch zu hoch, so dass bei diesen die kollektiven Regelungen bevorzugt werden.

Bei individuellen Regelungen besteht vermehrt die Gefahr, dass durch Unachtsamkeiten der allgemeine Gleichbehandlungsgrundsatz missachtet wird. Wenn beispielsweise arbeitgeberfinanzierte Zuschüsse intransparent und unterschiedlich gewährt werden, kann dies arbeitsrechtlich schnell zu hohen Forderungen von den dadurch benachteiligten Angestellten an den Arbeitgeber führen.

Die verschiedenen Zusagearten

Mit der Zusage wird zwischen Arbeitgeber und Arbeitnehmer rechtsverbindlich genau festgehalten, welche Ansprüche aus der betrieblichen Altersvorsorge bestehen.

Es gibt insgesamt drei allgemeine Möglichkeiten, wie die Zusage ausgestaltet sein kann: Leistungszusage, beitragsorientierte Leistungszusage (BOLZ) und Beitragszusage mit Mindestleistung (BZML).

Bei der Leistungszusage wird dem Angestellten eine bestimmte Leistung zugesichert, z.B. eine Rente in einer gewissen Höhe. Wie diese im Leistungsfall finanziert wird, dafür ist im Grunde der Arbeitgeber verantwortlich. Für den Arbeitgeber sind die Finanzierungsrisiken aus solch einer Zusage vergleichsweise hoch, da diese zwingend eingehalten und in der Leistungshöhe regelmäßig an die Preissteigerungen angepasst werden muss. Bei einer reinen Leistungszusage sind im Prinzip alle fünf Durchführungswege zur Finanzierung der Verpflichtungen möglich.

Bei der beitragsorientierten Leistungszusage wird zugesagt, dass ein bestimmter, in der Zusage geregelter Beitrag für die betriebliche Altersvorsorge aufgewendet wird. Aus diesem Beitrag wird nach anerkannten versicherungsmathematischen Verfahren eine Leistung ermittelt, welche bei Altersvorsorgezusagen einer lebenslangen Rente entspricht. Der Arbeitgeber verpflichtet sich zum einen, den vereinbarten Beitrag abzuführen und darüber hinaus auch die dazugehörige Leistung zu erbringen, falls der Finanzierungspartner selbst nicht mehr dazu in der Lage sein sollte. Die Finanzierungsrisiken sind hier geringer als bei der reinen Leistungszusage, da sich die zugesagten Leistungen an den Beiträgen orientieren, mit zeitgemäßen Methoden ermittelt werden und in der Regel an den Produktpartner ausgelagert sind.

Die dritte Zusageart ist die Beitragszusage mit Mindestleistung. Hierbei wird vereinbart, dass Beiträge in ein bestimmtes Vorsorgewerk abgeführt werden und zum Leistungsbeginn mindestens die eingezahlten Beiträge abzüglich eventueller biometrischer Abschläge zur Verfügung stehen. Diese Zusageart bietet den größten Spielraum, dagegen ist allein aus der Zusage auch nur ein minimaler Anspruch verbindlich zugesagt. Die Beitragszusage mit Mindestleistung kann nur für die versicherungsförmigen Durchführungswege Pensionsfonds, Pensionskasse und Direktversicherung erteilt werden. Diese Zusageart kommt insbesondere bei fondsgebundenen Produkten zum Einsatz.

Die Eigenschaften einer betrieblichen Altersvorsorge

Rechtsanspruch auf Entgeltumwandlung

Jeder abhängig Beschäftigte, der in der gesetzlichen Rentenversicherung pflichtversichert ist, hat einen gesetzlichen Anspruch darauf, über den Arbeitgeber eine betriebliche Altersversorgung aus dem eigenen

Gehalt durchzuführen. Wenn der Arbeitgeber eine Pensionskasse oder einen Pensionsfonds anbietet, dann bezieht sich der Rechtsanspruch nur auf diese angebotenen Systeme. Bietet der Arbeitgeber keine Pensionskasse und auch keinen Pensionsfonds an, dann können Sie verlangen, dass der Arbeitgeber eine Direktversicherung für Sie abschließt – bei welchem Produktpartner und zu welchem Tarif bleibt jedoch im Ermessen des Arbeitgebers. Unabhängig vom Rechtsanspruch ist es jedoch zu empfehlen, dass zuerst eine einvernehmliche Regelung gesucht werden sollte, bevor die rechtlichen Register gezogen werden. Der Rechtsanspruch auf Entgeltumwandlung ist in der Höhe begrenzt. Dieser bezieht sich nur auf maximal vier Prozent der Beitragsbemessungsgrenze in der allgemeinen Rentenversicherung (West). Für 2011 könnte somit jeder Angestellte einen monatlichen Beitrag von 220€ in eine arbeitnehmerfinanzierte Betriebsrente einzahlen.

Eine Entgeltumwandlung ist und bleibt für den Arbeitnehmer stets freiwillig. Gegen Ihren Willen darf Ihr Arbeitgeber keine arbeitnehmerfinanzierte Betriebsrente durchführen. Nur wenn Ihnen Ihr Chef eine Zusage erteilt, die dieser zusätzlich zum Gehalt auch selbst finanziert, darf er dies ohne Ihre Zustimmung – was dann auch nicht problematisch ist, da solch eine Zusage im Prinzip ein Geschenk Ihres Arbeitgebers darstellt.

Bestimmungsrecht des Arbeitgebers

Bei einer betrieblichen Altersvorsorge haben Sie zwar den Anspruch auf die zugesagte Leistung, doch wie die Details in vielen Bereichen ausgestaltet sind, liegt allein im Ermessen des Arbeitgebers. Wenn Sie bestimmte Wünsche an eine betriebliche Altersvorsorge haben, dann muss sich Ihr Arbeitgeber nur im gesetzlich geregelten Rahmen daran halten. Sie haben zwar einen Rechtsanspruch auf Entgeltumwandlung bis zu vier Prozent der Beitragsbemessungsgrenze – doch bei welchem Produktanbieter diese durchgeführt wird und mit welchem Tarif, bestimmt der Arbeitgeber allein. Dies ist auch nachvollziehbar, da der

Vertrag rechtlich dem Arbeitgeber zugeordnet wird und dieser in erster Linie auch für die Altersvorsorgezusage haftet. Deshalb hat dieser auch das Recht, die Vertragsbedingungen zu bestimmen. In der Praxis lassen sich zwar die meisten Arbeitgeber auf die Detailwünsche der Arbeitnehmer ein, es gibt jedoch keinen Rechtsanspruch darauf.

Auszahlung als Rente oder Einmalbeitrag

Grundsätzlich ist für alle Leistungen aus Direktversicherungen oder Pensionskassen die lebenslange Leibrente vorgesehen. Leistungen aus Pensionsfonds dürfen auch in Form eines Auszahlungsplans mit anschließender Restkapitalverrentung erfolgen. Doch, anders als bei den übrigen Formen der staatlich geförderten Altersvorsorge, darf hier das Kapital auch auf einen Schlag ausgezahlt werden, ohne dass die Förderung zurückgezahlt werden muss. Dazu muss mit dem Produktgeber ein Wahlrecht zwischen Rente oder Einmalzahlung vereinbart werden. Dies ist aber nur bei Direktversicherungen und einigen Pensionskassen möglich und auch vorgesehen. Für alle drei versicherungsförmigen Durchführungswege ist es jedoch möglich, dass Sie sich bis zu 30% des Guthabens bei Rentenbeginn auszahlen lassen – das dann verbleibende Kapital wird als Rente oder Auszahlplan ausgezahlt. Da sehr viele ihre Altersvorsorge lieber auf einen Schlag ausgezahlt haben möchten oder sich zumindest die Wahl zwischen Rente und Einmalzahlung sichern wollen, ist dies ein sehr wichtiger Pluspunkt, der für eine betriebliche Altersvorsorge spricht. Steuerlich gesehen können Einmalauszahlungen jedoch sehr teuer werden, da aufgrund der hohen Geldsummen sehr schnell der Spitzensteuersatz gezahlt werden muss. Daher sollten Sie im Einzelfall mit Ihrem Steuerberater prüfen, ob eine solche Kapitalzahlung eine sinnvolle Option ist oder nicht.

Auszahlung nicht vor Alter 60

Wie bei jeder staatlich geförderten Altersvorsorge darf die Leistung nicht vor Ende des 60. Lebensjahres erfolgen, sonst erhalten Sie keine Förderung oder müssten diese wieder zurückzahlen. Dies wäre auch der

Fall, wenn eine betriebliche Altersvorsorge gekündigt und das verbleibende Guthaben ausgezahlt wird. Gerade bei der betrieblichen Altersvorsorge wäre eine Rückabwicklung der staatlichen Förderung sehr problematisch, da für jedes Kalenderjahr die Steuern und alle Sozialabgaben neu ermittelt werden müssten und auch der Arbeitgeber seine Sozialabgabenersparnis zurückzahlen müsste. Damit dies möglichst gar nicht vorkommen kann, können moderne Direktversicherungen und Pensionskassen nicht mehr direkt gekündigt, sondern nur beitragsfrei gestellt werden. Diese ruhen dann einfach bis zum Rentenbeginn. Bei einer betrieblichen Altersvorsorge, die ab 2012 oder später neu abgeschlossen wird, darf die Leistung nicht vor dem 62. Geburtstag erfolgen.

Mögliche Risikoabsicherungen

Auch das Risiko der Invalidität kann über den Arbeitgeber abgesichert werden. Es gelten auch hierbei die gleichen Regelungen, wie bei einer reinen Altersvorsorge. Der Leistungsumfang ist per arbeitsrechtlicher Zusage geregelt und wird insbesondere durch (Zusatz-)Versicherungen gegen Berufsunfähigkeit oder Erwerbsunfähigkeit finanziert. Die betrieblichen Berufsunfähigkeitsrenten sind im Versorgungsfall komplett zu versteuern und es müssen ebenso die vollen Sozialversicherungsbeiträge geleistet werden. Im Vergleich zu einer privat finanzierten Risikoabsicherung bedeutet dies eine zusätzliche finanzielle Belastung. Zum Vergleich: Private Berufsunfähigkeitsrenten müssen nur mit dem Ertragsanteil versteuert werden und bei Pflichtversicherten sind keine Sozialabgaben zu zahlen.

Eingeschränkter Todesfallschutz

Damit die betriebliche Altersvorsorge auch wirklich einen Altersvorsorgecharakter hat, muss eine mögliche Hinterbliebenenleistung auf bestimmte Personen beschränkt bleiben. Dabei sind die Kriterien nicht gar so streng, wie bei der Rürup-Rente. Die möglichen Todesfallleistungen müssen zwar grundsätzlich auch als lebenslange Leibrente ausgezahlt werden, Rentengarantiezeiten sind aber auch möglich. Dabei ist der Kreis der Hinterbliebenen nicht nur auf Ehepartner und minderjährige Kinder beschränkt: Auch Lebensgefährten und frühere Ehegatten sind berechtigt für Leistungen im Todesfall. Bei nichtehelichen Lebensgefährten muss dieser dem Arbeitgeber namentlich und mit einer Bestätigung der gemeinsamen Haushaltsführung mitgeteilt werden. Die Berücksichtigung von Pflege-, Stief- und Adoptivkindern, sofern diese im gleichen Haushalt leben, ist durch eine solche Mitteilung grundsätzlich ebenso möglich. Doch auch bei der betrieblichen Altersvorsorge besteht immer noch die Gefahr, dass das angesammelte Kapital ersatzlos verfällt: Bei alleinlebenden Singles ohne Kindern ist das beispielsweise der Fall.

Portabilität

Dieser etwas ungewöhnliche Begriff bedeutet, dass Anwartschaften aus Direktversicherungen, Pensionskassen und Pensionsfonds bei einem Arbeitgeberwechsel oder dem Verlust des Arbeitsplatzes „mitgenommen" werden können. Wenn Sie den Arbeitgeber wechseln, kann der neue Arbeitgeber die bisherige Betriebsrentenzusage und das dazugehörige Produkt – z.B. eine Direktversicherung – unverändert übernehmen. Dies wird er jedoch nur tun, wenn er dadurch keine Risiken auf sich nimmt, möglicherweise könnte die alte Zusage zusätzliches Haftungspotential bergen. Wenn der neue Arbeitgeber nicht die Zusage an sich übernimmt, dann erteilt dieser Arbeitgeber eine neue, wertgleiche Zusage und der Übertragungswert – sprich das Guthaben – der alten Zusage wird auf die neue übertragen. Zu diesem Zweck hat die Mehrheit der Versicherungsgesellschaften und Pensionsfonds ein spezielles Abkommen beschlossen, nach denen die Übertragung innerhalb aller Tarife der angeschlossenen Gesellschaften möglich ist. Außerdem ist geregelt, dass bei Übertragung keine zusätzlichen Kosten oder Gebühren erhoben werden dürfen und auch keine neuen Abschlusskosten berechnet werden. Insbesondere bei Altzusagen, die vor 2005 zugesagt wurden, könnten bei einer Übertragung negative Folgen auftreten. Im Einzelfall sollten diese von einem Experten geprüft werden.

Wenn Sie nicht den Arbeitgeber wechseln, sondern vorübergehend oder dauerhaft aus dem Arbeitsleben ausscheiden, dann gibt es naturgemäß keinen neuen Arbeitgeber, bei dem die betriebliche Altersvorsorge fortgeführt werden kann. In solchen Fällen können Sie den Vertrag vom Arbeitgeber übernehmen und privat weiterführen. Ob Sie dann weitere private Beiträge leisten oder der Vertrag ohne Beitragszahlung weiter bestehen soll, können Sie dann frei entscheiden. In aktuellen Urteilen hat die deutsche Rechtsprechung mittlerweile entschieden, dass Leistungen und Renten, die auf privaten Beiträgen beruhen, nicht sozialversicherungspflichtig sind. Wenn Sie Ihren betrieblichen Altersvorsorgevertrag weiterführen, müssen Sie nun nicht mehr mit sozialversicherungsrechtlichen Nachteilen für den privat weitergeführten Anteil rechnen.

Insolvenzsicherung

Eine betriebliche Altersvorsorge wird stets vom Arbeitgeber zugesagt und angeboten. Da stellt sich zu Recht die Frage, was mit der Betriebsrente geschieht, wenn das Unternehmen insolvent, also zahlungsunfähig wird?

Im Prinzip sind alle unverfallbaren Betriebsrentenanwartschaften bei einer Insolvenz des Arbeitgebers geschützt. Insbesondere sind alle arbeitnehmerfinanzierten Anwartschaften aus Entgeltumwandlungen bei einer Insolvenz des Arbeitgebers geschützt: Entweder die Versicherungsgesellschaft, bei der der Vertrag besteht oder der Pensionssicherungsverein e.V. treten für die Versorgungsansprüche ein, sofern die jährlichen Beiträge nicht die Obergrenze von vier Prozent der BBG überschritten haben. Anwartschaften, die noch nicht die gesetzlichen Regelungen zur Unverfallbarkeit erreicht haben – z.B. arbeitgeberfinanzierte Zusagen, die weniger als 5 Jahre alt sind – sind von der gesetzlichen Insolvenzsicherung jedoch ausgenommen.

Leistungsanpassungen

Laufende Leistungen aus einer betrieblichen Altersvorsorge müssen vom Arbeitgeber regelmäßig überprüft werden, ob diese noch der

Kaufkraftentwicklung angemessen sind. Alle 3 Jahre muss die laufende Rente überprüft und gegebenenfalls angepasst werden, grundsätzlich unabhängig von der Art der Zusage und des Finanzierungsträgers. Dies bedeutet einerseits einen hohen Verwaltungsaufwand, andererseits steigt dadurch das Finanzierungsrisiko für den Arbeitgeber, da die zukünftigen Anpassungen nicht mit Sicherheit kalkuliert werden können. Es gibt jedoch konkrete Regelungen, bei denen diese Anpassungsprüfpflicht entfällt: Wird eine Anpassungsgarantie erteilt, bei der die Renten unabhängig von der tatsächlichen Lohn- oder Preisentwicklungen um mindestens ein Prozent jährlich steigen, ist keine Anpassungsprüfung erforderlich. Auch bei allen Beitragszusagen mit Mindestleistung und bei Direktversicherungen und Pensionskassen kann die Anpassungsprüfung entfallen, sofern alle anfallenden Überschüsse des Versicherungsvertrages zur Erhöhung der Rente vorgesehen sind. Dies ist bei neu abschließbaren Verträgen standardmäßig so vorgesehen.

Die staatliche Förderung in der Sparphase

Die staatliche Förderung einer Entgeltumwandlung besteht darin, dass ein Teil des Gehaltes nicht ausgezahlt, sondern stattdessen in eine betriebliche Altersvorsorge eingezahlt wird. Für diese umgewandelten Beiträge sind zunächst keine Steuern und Sozialabgaben zu zahlen, so dass die Nettobelastung für den Aufbau der Altersvorsorge deutlich geringer ist als der Sparbeitrag, der in das jeweilige Altersvorsorgesystem fließt.

Steuerfreiheit der Beiträge nach §3 Nr. 63 EStG

Beiträge in Pensionsfonds, Direktversicherungen und Pensionskassen sind grundsätzlich bis zu vier Prozent der Beitragsbemessungsgrenze in der Rentenversicherung (West) steuerfrei. Für 2011 sind das 220€ im Monat bzw. 2640€ im Jahr, die steuerfrei in eine betriebliche Altersvorsorge eingezahlt werden können. Voraussetzung für die Steuerfreiheit ist, dass die Leistung nicht vor Ende des 60. Lebensjahres erfolgen darf und als Rente bzw. bei Pensionsfonds als Auszahlplan mit Restkapitalverrentung erfolgen muss. Eine Option auf Zahlung eines Kapitalbetrages oder auf die Entnahme von bis zu 30% des Vorsorgekapitals zu Rentenbeginn ist jedoch nicht schädlich.

Wenn die Vorsorgezusage 2005 oder später erfolgte, können Sie zusätzlich weitere 1.800€ pro Jahr steuerfrei in eine Direktversicherung, Pensionskasse oder einen Pensionsfonds einzahlen. Dieser zusätzliche Beitrag ist jedoch nicht mehr von der Sozialabgabenpflicht befreit.

Pauschalversteuerung für Zusagen vor dem 01.01.2005

Bei Altzusagen für bestimmte Direktversicherungen und Pensionskassen, die vor 2005 zugesagt wurden und nach §40b EStG gefördert sind, werden in der Sparphase die Beiträge pauschal versteuert. Die Renten werden dagegen nur mit dem Ertragsanteil versteuert und Kapitalauszahlungen sind sogar steuerfrei, wenn die Laufzeit mindestens 12 Jahre betrug und mindestens 5 Jahre Beiträge gezahlt wurden.

Bei einem Arbeitgeberwechsel besteht für solche Zusagen Handlungsbedarf: Übernimmt der neue Arbeitgeber die alte Zusage eins zu eins und Sie möchten die bisherige Regelung beibehalten, dann müssen Sie gesondert auf die neue steuerliche Regelung – sprich die Steuerfreiheit der Beiträge – ausdrücklich verzichten. Denn sonst gilt automatisch die steuerliche Regelung gem. § 3Nr. 63 EStG. Bei einer Mitnahme des Übertragungswertes ohne Weiterführung der Altzusage auf den neuen Arbeitgeber wird automatisch eine neue Versorgungszusage erteilt. Der bisherige Status geht dadurch verloren. Je nach steuerlicher Situation kann dies einen erheblichen Nachteil bedeuten. Lässt sich der neue Arbeitgeber auf keine einvernehmliche Lösung ein, dann können Sie den alten Vertrag auch privat ohne weitere Beitragszahlungen weiterführen. Die Pauschalversteuerung bleibt dabei in der Regel erhalten.

Sozialabgaben in der Ansparphase

Beiträge in die versicherungsförmigen Durchführungswege (Direktversicherung, Pensionskasse und Pensionsfonds) sind bis zu 4% der BBG sozialabgabenfrei, wenn die Zusage nach dem 01.01.2005 erfolgt ist. Dies betrifft alle Zweige des deutschen Sozialversicherungssystems: Renten-versicherung, Krankenversicherung, Pflegeversicherung Arbeitslosen-versicherung und Unfallversicherung. Davon profitieren sowohl die Arbeitnehmer als auch die Arbeitgeber, da beide jeweils einen Teil der ursprünglichen Beitragslast tragen. Dank dieser Sozialabgabenersparnis genießen auch Angestellte mit niedrigeren Steuersätzen hohe Förder-quoten. Die Beitragssätze liegen in der Rentenversicherung bei 19,9% (je zur Hälfte Arbeitnehmer und Arbeitgeber), in der Krankenversicherung bei 15,5% plus evtl. Zusatzbeiträge (Arbeitgeber 7,3%, Arbeitnehmer 8,2% plus Zusatzbeitrag), in der Pflegeversicherung 1,95% plus 0,25% Zuschlag für Kinderlose (je zur Hälfte, Kinderlosenzuschlag nur Arbeitnehmer) und in der Arbeitslosenversicherung bei 3,0% (je zur Hälfte). Die gesetzliche Unfallversicherung wird nur vom Arbeitgeber gezahlt.

Zum Beispiel spart ein durchschnittlicher Angestellter mit einem Bruttogehalt von monatlich 2.500€ bei einem Monatsbeitrag von 100€ an Steuern 25€ und an Sozialabgaben 20,63€. Dies zeigt sich sofort und unmittelbar an Ihrem Nettogehalt: Obwohl ein Beitrag von 100€ in die betriebliche Altersvorsorge fließt, bekommen Sie im Beispiel beim Nettogehalt nur 54,37€ weniger ausgezahlt. Die gesparten 45,63€ sind die staatliche Förderung.

Mit Vorsicht zu genießen ist die Sozialabgabenersparnis, wenn Ihr Gehalt über den Beitragsbemessungsgrenzen der verschiedenen Sozial-versicherungen liegt. Denn schließlich können Sie nur Abgaben sparen, die Sie auch zahlen müssten.

<u>Gesetzliche Kranken- und Pflegeversicherung.</u>

Wenn Sie Mitglied in der gesetzlichen Kranken- und Pflegeversiche-rung sind, müssen Sie von Ihrem Bruttogehalt die Beiträge dazu zahlen. Doch sobald Ihr Gehalt die sogenannte Beitragsbemessungsgrenze überschreitet, müssen Sie keine Beiträge mehr für die Verdienste zahlen, die über dieser Grenze liegen. In 2011 liegt diese Beitragsbemessungsgrenze bei monatlich 3712€ – folglich müssten Sie insgesamt maximal 342 Euro plus Zusatzbeiträge als Arbeitnehmer zahlen, auch wenn Ihr Gehalt weit über der Beitragsbemessungsgrenze liegt.

Dies bedeutet natürlich für die sozialabgabenfreie betriebliche Altersvorsorge, dass Sie keine Kranken- und Pflegeversicherungsbeiträge sparen können, wenn Ihr Gehalt über der Beitragsbemessungsgrenze liegt.

Private Krankenversicherung

Wenn Sie als Angestellter über der Versicherungspflichtgrenze verdienen (49.500€ für 2011), können Sie sich auch bei einer privaten Krankenkasse versichern. Der Krankenversicherungsbeitrag orientiert sich dann nicht mehr an Ihrem Gehalt. In der Folge können Sie auch keine Krankenversicherungsbeiträge sparen, wenn Sie sich für eine betriebliche Altersvorsorge entscheiden – der Beitrag bleibt gleich, unabhängig davon wie viel Sie verdienen. Ihr Nachteil daraus ist jedoch verschwindend gering, weil Sie dann auch im Alter keine zusätzlichen Krankenversicherungsbeiträge zahlen müssen.

Problematisch kann es werden, wenn Sie nach ein paar Jahren den Versicherungsstatus wechseln. Wenn Sie nach einigen Jahren als Privatversicherter aus irgendwelchen Gründen zu einer gesetzlichen Kasse wechseln, dann müssen Sie im Rentenalter selbstverständlich Krankenkassenbeiträge zahlen, jedoch ohne in der Sparphase die Vorteile der Sozialabgabenfreiheit vollständig genossen zu haben.

Außerdem kann eine betriebliche Altersvorsorge Ihnen den Wechsel in eine private Krankenversicherung erschweren. Wenn Sie knapp über der Versicherungspflichtgrenze verdienen, steht es Ihnen frei, in die private Krankenversicherung zu wechseln. Doch wenn aufgrund der Beiträge in eine betriebliche Altersvorsorge Ihr „offizielles Einkommen" darunter sinkt, bleiben Sie solange versicherungspflichtig, bis dieses über der Versicherungspflichtgrenze liegt. Wenn Sie in einer solchen Situation sind, sollten Sie auch dies mit bedenken und sich gegebenenfalls einen kompetenten Experten an Ihre Seite holen.

Förderquoten der betrieblichen Altersvorsorge

Gehalt monatlich				
1.250	2.500	3.500	4.500	6.000
monatlicher Beitrag				
100€				
Steuersatz				
15%	25%	35%	42%	42%
Steuerersparnis				
15€	25€	35€	42€	42€
Sozialabgabenersparnis (nur Arbeitnehmeranteil)				
Krankenversicherung (BBG 3.712€)				
8,20€			0€	
Pflegeversicherung (BBG 3.712€)				
0,975€			0€	
Rentenversicherung (BBG 5.500)				
9,95€				0€
Arbeitslosenversicherung (BBG 5.500€)				
1,50€				0€
Gesamtersparnis				
35,63€	45,63€	55,63€	53,45€	42€
Effektivbeitrag				
64,37€	54,37€	44,37€	46,55€	58€
Förderquote auf Effektivbeitrag				
55%	84%	125%	115%	72%

Quelle: Eigene Berechnungen,
keine Zusatzbeiträge oder Kinderlosenzuschläge, Steuersätze sind beispielhaft

Gesetzliche Rentenversicherung und Arbeitslosenversicherung

Bitte beachten Sie, dass durch eine betriebliche Altersvorsorge der Rentenanspruch bei der gesetzlichen Rente sinkt. Denn für die gesparten Rentenversicherungsbeiträge erwerben Sie naturgemäß keine Ansprüche mehr. Wie hoch der Ausfall sein wird, lässt sich grob abschätzen. Im ersten Teil haben Sie bereits die Rentenformel der gesetzlichen Rentenversicherung kennengelernt. Ein Bruttogehalt von 32.000€ entspricht ungefähr einem Entgeltpunkt, welcher mindestens einem Rentenanspruch von monatlich 27,20€ entspricht. Wenn Sie 20 Jahre lang monatlich 100,-€ Gehalt in eine betriebliche Altersvorsorge umwandeln, sind das zusammen 24.000€ oder ca. 0,75 Entgeltpunkte. Ihre gesetzliche Rente wäre aufgrund der Entgeltumwandlung mindestens 20,40€ monatlich geringer. Auch in der Arbeitslosenversicherung sinkt die Leistungs-grundlage z.B. für das Arbeitslosengeld I aufgrund einer Entgeltumwand-lung.

Ähnlich wie bei der gesetzlichen Krankenversicherung gibt es auch hier eine Beitragsbemessungsgrenze. Diese liegt aber deutlich höher, in 2011 bei 5.500€ monatlich, so dass die Mehrzahl der Angestellten immer noch von der Sozialversicherungsfreiheit profitiert. Erst wenn Sie mehr als diesen Betrag verdienen, entfällt der Spareffekt der Sozialabgaben-freiheit für die Rentenversicherungs- und Arbeitslosenversicherungs-beiträge.

Riester-Förderung einer betrieblichen Altersvorsorge

Für Entgeltumwandlungen kann auch die Riester-Förderung genutzt werden. Die Beiträge werden jedoch aus dem Nettoeinkommen direkt vom Arbeitgeber abgeführt, folglich sind die Beiträge bereits mit Lohnsteuer und Sozialabgaben belastet. Sie erhalten die Riester-Zulagen und möglicherweise eine Steuerrückerstattung wie auch bei privaten Riester-Verträgen. Das grundlegende Prinzip einer betrieblichen Riester-Rente ist in der Sparphase das gleiche, wie bei privaten Riester-Verträgen, mit dem Unterschied, dass diese über den Arbeitgeber bereitgestellt sind. Die Renten aus den üblichen privaten Riester-Renten sind komplett zu versteuern, für Pflichtversicherte jedoch sozialabgabenfrei. Bei der betrieblichen Variante muss im Alter zusätzlich zu den Steuern auch noch der komplette Kranken- und Pflegeversicherungsbeitrag abgeführt werden, da dies eine betriebliche Versorgungsleistung darstellt. Die betriebliche Riester-Rente verfügt letztendlich über keine besonderen

Vorteile gegenüber der privat finanzierten, hat aber den großen Nachteil, dass zusätzlich Sozialversicherungsbeiträge gezahlt werden müssen.

Steuern und Abgaben in der Auszahlungsphase

Auch bei der betrieblichen Altersvorsorge werden die staatlichen Förderungen nicht ohne Gegenleistung gewährt. Alle Leistungen aus einer betrieblichen Altersvorsorge sind grundsätzlich komplett zu versteuern. Das betrifft lebenslange Renten ebenso wie einmalige Kapitalzahlungen. Einzige Ausnahme sind Altzusagen vor 2005, die nach §40b EStG pauschal versteuert wurden.

Besonders bei den einmaligen Kapitalzahlungen kann die Besteuerung sehr schmerzhaft werden, da aufgrund der Steuerprogression sehr schnell der Höchststeuersatz zu zahlen ist. Dieser gilt im betroffenen Jahr nicht nur für die Einmalzahlung sondern auch für die anderen Einkünfte, wenn der Kapitalbetrag hoch genug ausfällt. Dabei ist es auch nicht möglich, die Einmalzahlung auf mehrere Jahre zu verteilen, wobei die steuerliche Belastung möglicherweise niedriger ausgefallen wäre.

Aber auch die Renten werden vollständig besteuert, doch in der Regel liegen dabei die persönlichen Steuersätze deutlich niedriger als bei der vollständigen Kapitalzahlung. Über die Dauer des Rentenbezugs kann auch hierbei ein großer Steuerbetrag zustande kommen. Welche Variante vorzuziehen ist, hängt jedoch nicht nur von steuerlichen Faktoren ab, sondern auch von anderen persönlichen Gegebenheiten, wie zum Beispiel dem Gesundheitszustand. Wenn Sie bereits absehen können, dass Ihre Lebenserwartung eher kurz ausfallen sollte, dann macht eine moderat besteuerte lebenslange Rente weniger Sinn, als eine höher besteuerte Kapitalzahlung. Da einmalige Kapitalzahlungen nur als Wahlrecht vereinbart werden können, behalten Sie aber stets die Karten in der Hand: Sie müssen sich erst kurz vor Rentenbeginn festlegen, ob Sie eine Rente oder die Kapitalzahlung wünschen.

Die betriebliche Altersvorsorge ist neben der gesetzlichen Rentenversicherung die einzige private Altersvorsorge, bei der Pflichtbeiträge für die gesetzliche Krankenversicherung gezahlt werden müssen. Da die Beiträge in der Ansparphase sozialversicherungsfrei waren, ist dies grundsätzlich auch berechtigt. Dabei muss der gesamte Krankenversicherungsbeitrag (derzeit 15,5% plus Zusatzbeiträge) und der gesamte Pflegeversicherungsbeitrag (derzeit 1,95% plus evtl. 0,25% für Kinderlose) von den Leistungen aus der betrieblichen Altersvorsorge abgeführt werden. In der Ansparphase haben Sie jedoch nur Ihre eigenen Arbeit-nehmerbeiträge einsparen können. Außerdem ist heute noch nicht absehbar, wie hoch die Krankenversicherungsbeiträge in Zukunft sein werden. Da manche Krankenkassen bereits Zahlungsprobleme haben und mit der City BKK die erste gesetzliche Krankenkasse bereits pleite ist, muss wohl oder übel mit höheren Krankenversicherungsbeiträgen auf lange Sicht gerechnet werden.

Bei Einmalzahlungen müssen Sie diese Beitragslast nicht auf einen Schlag stemmen. Die Abgaben werden auf monatliche Raten über 10 Jahre verteilt. Wenn Sie einen Teil der Einmalzahlung verzinslich anlegen, dann können Sie die Belastung sogar noch ein wenig reduzieren. Ein Beispiel: Sie bekommen eine Einmalzahlung von 100.000€ ausgezahlt. Die Sozialversicherungsbeiträge von insgesamt 17.350€ werden auf 120 monatliche Raten von 144,58€ verteilt. Wenn Sie Ihr Geld zu zwei Prozent anlegen können, dann müssen Sie nur noch ca. 15.700€ beiseitelegen um die Abgabenlast zu bezahlen, den restlichen Betrag erwirtschaften die Zinsen – Sie sparen dadurch 1.650€. Bei drei Prozent bräuchten Sie 15.000€ und bei vier Prozent nur noch 14.330€ um daraus die gesamten Abgaben finanzieren zu können.

Die gesamten Auswirkungen anhand der Musterversicherung

Aufgrund der Steuerersparnis und der zusätzlichen Sozialabgabenersparnis verfügt die betriebliche Altersvorsorge über eine enorme Förderung für den Arbeitnehmer. Im Gegenzug werden die gesamten Zahlungen im Alter auch komplett mit Steuern und Beiträgen für die Kranken- und Pflegeversicherung belastet. Was jedoch überwiegt, ist nicht auf den ersten Blick zu erkennen, deshalb wird nun die bereits bekannte Musterversicherung genutzt, um die finanziellen Auswirkungen genau zu erforschen. Unterm Strich ist die betriebliche Altersvorsorge für die meisten Angestellten ein lohnendes Geschäft. Doch beispielsweise für Besserverdienende, die über den Beitragsbemessungsgrenzen in der Sozialversicherung verdienen, aber nicht privat krankenversichert sind, kann durch die Krankenversicherungsbeiträge im Alter sogar ein Nachteil entstehen.

Pflichtversicherte in der gesetzlichen Krankenversicherung

Sind Sie gesetzlich krankenversichert und verdienen Sie unter der Beitragsbemessungsgrenze in der Krankenversicherung, dann genießen Sie volle Sozialversicherungsfreiheit für die Beiträge in der Ansparphase. Doch im Normalfall sparen Sie natürlich nur die Arbeitnehmerbeiträge in der Sozialversicherung. Während des Rentenbezuges müssen Sie jedoch den vollen Kranken- und Pflegeversicherungsbeitrag auf die Rente zahlen. Außerdem erhalten Sie einen etwas geringeren Altersrentenanspruch aus der gesetzlichen Rentenversicherung. Wenn man all dies berücksichtigt, ergibt sich anhand der „Musterversicherung" immer noch ein finanzieller Vorteil aus einer betrieblichen Altersvorsorge per Entgeltumwandlung.

Auswirkung einer Entgeltumwandlung für gesetzlich Krankenversicherte (Gehalt unter der BBG)		
Laufzeit		
10 Jahre	20 Jahre	30 Jahre
Rendite Musterversicherung ohne Steuern, Förderung und Abgaben		
3,7%	3,8%	3,7%
Rendite Musterversicherung als betriebliche Altersvorsorge		
4,0% - 4,4%	4,2% - 4,6%	4,2% - 4,5%
Renditevorteil durch Entgeltumwandlung		
0,3% - 0,7%	0,4% - 0,8%	0,5% - 0,7%

Quelle: Eigene Berechnungen anhand der Musterversicherung

Sie sehen, eine betriebliche Altersvorsorge lohnt sich durchaus. Auch wenn im Alter Steuern, Krankenversicherungsbeiträge und eine geringere gesetzliche Rente einen großen Teil der staatlichen Förderung wieder aufzehren, unterm Strich hätten Sie mit einer Entgeltumwandlung ein besseres Geschäft gemacht, als wenn Sie ohne staatliche Förderung vorgesorgt hätten.

Gesetzlich krankenversicherte Angestellte über der Beitragsbemessungsgrenze in der gesetzlichen Krankenversicherung

Liegt Ihr Gehalt über der Beitragsbemessungsgrenze in der Krankenversicherung (3.712€ für 2011), dann sind Sie in der unbequemen Situation, dass Sie keine Beiträge zur gesetzlichen Kranken- und Pflegeversicherung sparen können, auf die Rente jedoch der volle Beitragssatz erhoben werden kann. In dem Falle ist eine sozialversicherungsfreie Entgeltumwandlung ein Minusgeschäft: Im besten Fall gleichen sich die positiven und negativen Effekte in etwa aus. In den meisten Fällen jedoch erleiden Sie trotz, beziehungsweise gerade wegen der staatlichen Förderung einen finanziellen Nachteil: Die Rendite der geförderten Musterversicherung liegt bis zu 0,8% jährlich niedriger als bei der normalen Musterversicherung.

Auswirkung einer Entgeltumwandlung für gesetzlich Krankenversicherte (Gehalt über der BBG)		
Laufzeit		
10 Jahre	20 Jahre	30 Jahre
Rendite Musterversicherung ohne Steuern, Förderung und Abgaben		
3,7%	3,8%	3,7%
Rendite Musterversicherung als betriebliche Altersvorsorge		
2,9% - 3,3%	3,1% - 3,7%	3,2% - 3,8%
Renditeeffekt durch Entgeltumwandlung		
-0,4% bis -0,8%	-0,1% bis -0,7%	0,1% bis -0,5%

Quelle: Eigene Berechnungen anhand der Musterversicherung

Wenn Sie keine zusätzlichen finanziellen Anreize erhalten, wie Arbeitgeberzuschüsse oder die Umwandlung von Vermögenswirksamen Leistungen, dann sollten Sie lieber einen großen Bogen um die betriebliche Altersvorsorge per Entgeltumwandlung machen, wenn Sie als gesetzlich Krankenversicherter über der Beitragsbemessungsgrenze verdienen.

Privat krankenversicherte Angestellte

Gut verdienende Angestellte können sich von der Versicherungspflicht in der gesetzlichen Krankenversicherung befreien lassen, wenn das Gehalt über der Jahresentgeltgrenze liegt. Für 2011 beträgt diese 49.500€ im Jahr bzw. 4.125€ monatlich. Dann können Sie zu einer privaten Krankenversicherung wechseln. Der Beitrag ist nicht mehr abhängig vom Gehalt, sondern orientiert sich an Ihrem Alter, Gesundheitszustand und dem gewählten Tarif. Mit einer betrieblichen Altersvorsorge können Sie dann zwar keine Krankenversicherungsbeiträge einsparen, doch wenn Sie auch im Alter privatversichert bleiben, müssen Sie auch keine zusätzlichen Versicherungsbeiträge aus Ihrer Betriebsrente zahlen.

Auswirkungen für privat Krankenversicherte		
Laufzeit		
10 Jahre	20 Jahre	30 Jahre
Rendite Musterversicherung ohne Steuern, Förderung und Abgaben		
3,7%	3,8%	3,7%
Rendite Musterversicherung als betriebliche Altersvorsorge		
4,7% - 5,2%	4,5% - 5,1%	4,3% - 4,9%
Renditeeffekt durch Entgeltumwandlung		
1,0% - 1,5%	0,7% - 1,3%	0,6% - 1,2%

Quelle: Eigene Berechnungen anhand der Musterversicherung

Der Vergleich mit der Musterversicherung ergibt: Eine Entgeltumwandlung eignet sich in besonderem Maße für privat versicherte Angestellte, auch wenn die staatliche Förderung auf den ersten Blick geringer scheint. Die betriebliche Altersvorsorge hat unterm Strich eine deutlich höhere Rendite als ein vergleichbares Produkt ohne Förderung. Ein Renditevorteil von einem Prozent macht dank des Zinseszinseffekts sehr schnell einen fünfstelligen Betrag aus.

Zusammengefasst lohnt sich eine betriebliche Altersvorsorge in der gesetzlich vorgesehenen Form für einen Großteil der Angestellten. Wie vorteilhaft solch eine Vorsorge für Sie genau ist, hängt jedoch stark von Ihrem Einkommen, Ihrer steuerlichen Situation und ganz besonders von Ihrem Sozialversicherungsstatus ab. Privat Krankenversicherte genießen den höchsten Vorteil aus einer Entgeltumwandlung. Wenn Sie unter der Beitragsbemessungsgrenze verdienen, dann ist die betriebliche Altersvorsorge auch noch ein sehr gutes Geschäft. Verdienen Sie als gesetzlich Krankenversicherter jedoch darüber, dann sollten Sie genau prüfen, ob es nicht sinnvollere Alternativen gibt, denn aufgrund der Krankenkassenbeiträge im Alter könnten Sie relativ gesehen einen Verlust erleiden.

Darf es etwas mehr sein?

Nun haben Sie die gesetzlich geregelte „Standardvariante" der betrieblichen Altersvorsorge kennengelernt. Darüber hinaus gibt es noch Spielräume, wie Sie ein noch besseres Ergebnis erzielen können.

Zum einen kann Ihr Arbeitgeber freiwillig einen Zuschuss auf die Entgeltumwandlung gewähren. Des Weiteren kann es sich lohnen, wenn Sie Ihre Vermögenswirksamen Leistungen ebenfalls in die betriebliche Altersvorsorge umwandeln.

Vermögenswirksame Leistungen (VL)

Viele Arbeitgeber bieten ihren Arbeitnehmern vermögenswirksame Leistungen an. Im Normalfall funktioniert dies, indem der Arbeitgeber auf Wunsch einen Bausparvertrag oder einen Aktienfondssparplan für den Arbeitnehmer abschließt und einen bestimmten Beitrag einzahlt. Je nach Arbeitgeber oder Tarifvertrag kann dies bis zu 40€ zusätzlich zum Bruttogehalt bedeuten. Zusätzlich gibt es für Angestellte, deren zu versteuerndes Einkommen unter 17.900€ liegt noch eine staatliche Arbeitnehmersparzulage von bis zu 20%. Der VL-Beitrag zählt zum Gehalt und entsprechend müssen auch Steuern und Sozialabgaben gezahlt werden. Es gibt jedoch auch die Möglichkeit, die Vermögenswirksamen Leistungen des Arbeitgebers als Zuschuss in eine betriebliche Altersvorsorge einzuzahlen. Dabei ist der Beitrag in der Sparphase steuer- und sozialabgabenfrei, so dass Sie bei gleichem Sparaufwand ein höheres Nettogehalt erhalten würden.

Ein Beispiel: Ein Angestellter, Bruttogehalt 2.500€ hat Anspruch auf vermögenswirksame Leistungen des Arbeitgebers in Höhe von 30€. Nimmt er diese in Anspruch, verbleiben Netto aufgrund der Steuern und Abgaben nur noch 15 Euro. Werden die 30 Euro als Arbeitgeberzuschuss in eine betriebliche Altersvorsorge eingezahlt, dann sinkt das Nettogehalt nicht. Unterm Strich hätte der Angestellte mit den vermögenswirksamen Leistungen 1.607€ Netto plus die 30€ Sparbeitrag in den VL-Vertrag. Bei der betrieblichen Altersvorsorgevariante hätte der Beispielangestellte ein höheres Nettogehalt von 1.655€ plus den gleichen Beitrag von 30€ für die Altersvorsorge. Insbesondere für Angestellte, deren Gehalt zu hoch ist für die Arbeitnehmersparzulage, kann es sinnvoller sein, den VL-Arbeitgeberzuschuss in eine Betriebsrente einzuzahlen.

Arbeitgeberzuschuss als VL vs. bAV		
(Angestellter, Gehalt 2.500€ Brutto, Lohnsteuerklasse I)		
Normal ohne VL oder bAV ohne Arbeitgeberzuschuss	**Vermögenswirksame** **Leistungen** Arbeitgeberzuschuss 30€	**betriebliche** **Altersvorsorge** Arbeitgeberzuschuss 30€
Nettogehalt		
1.622€	1.607€	1.622€
Sparbeitrag		
/	30€	30€
Gesamt		
1.622€	1.637€	1.655€

Quelle: Eigene Berechnungen

Arbeitgeberzuschüsse zur betrieblichen Altersvorsorge

In einigen Tarifverträgen ist geregelt, dass vom Arbeitgeber nicht nur die Entgeltumwandlung angeboten wird, sondern auch, dass der Arbeitgeber zusätzlich zum Umwandlungsbetrag einen Zuschuss in die Betriebsrente einzahlt. Je nach Tarifvertrag und Beschäftigungsverhältnis sind hierbei Arbeitgeberzuschüsse bis zu 20% möglich. Doch auch außerhalb der Tariflandschaft gibt es immer mehr Arbeitgeber, die Zuschüsse zur Entgeltumwandlung gewähren. Gängige Regelungen sind beispielsweise pauschale Zuschüsse in Höhe eines bestimmten Teils des Arbeitnehmerbeitrages oder der Arbeitgeber gibt die Sozialversicherungsbeiträge, die dieser spart, ganz oder teilweise weiter. Dies erhöht den finanziellen Vorteil der Angestellten aus einer betrieblichen Altersvorsorge enorm. Ein Arbeitgeberzuschuss von beispielsweise 10% erhöht die Vorsorgeleistung um 10%, bei einem gleichbleibenden Aufwand für den Arbeitnehmer. Dadurch erhöht sich die Rendite der Musterversicherung einer betrieblichen Altersvorsorge um weitere 0,2 bis 0,5 Prozentpunkte jedes Jahr.

Wenn Ihr Tarifvertrag einen Arbeitgeberzuschuss vorsieht oder Sie mit Ihrem Arbeitgeber einen Zuschuss vereinbaren können, dann ist die betriebliche Altersvorsorge noch attraktiver als sie es ohnehin bereits ist. Mit Arbeitgeberzuschüssen kann sich die betriebliche Altersvorsorge dann auch für diejenigen lohnen, die über der Beitragsbemessungsgrenze der gesetzlichen Krankenversicherung verdienen und eigentlich einen Nachteil aus der Entgeltumwandlung hätten. Bei Arbeitgeberzuschüssen ist aber zu beachten, dass diese nicht immer sofort unverfallbar sind und zunächst die gesetzlichen Unverfallbarkeitsfristen gelten. Durch einvernehmliche Vereinbarung oder eine tarifvertragliche Regelung können auch die Zuschüsse als sofort unverfallbar gestellt werden. Außerdem beziehen sich einmal gewährte Zuschüsse nur auf den Arbeitgeber, der diese auch zugesagt hat, bei einem Arbeitsplatzwechsel gelten dann die Vereinbarungen und Tarifverträge des neuen Arbeitgebers, die unter Umständen keine Zuschüsse vorsehen.

Auswirkungen eines Arbeitgeberzuschusses von 10% des Umwandlungsbeitrages		
Bruttogehalt		
2.500€	3.500€	4.500€ privat krankenversichert
Entgeltumwandlung		
100€	100€	100€
Effektivbeitrag der Entgeltumwandlung		
54,37€	44,37€	46,55€
Arbeitgeberzuschuss		
10€	10€	10€
Förderquote inkl. Zuschuss auf Eigenbeitrag		
102%	148%	136,31%
Rendite Musterversicherung ohne Entgeltumwandlung		
3,7% - 3,8%	3,7% - 3,8%	3,7% - 3,8%
Rendite Musterversicherung als Entgeltumwandlung ohne Arbeitgeberzuschuss		
4,2% - 4,4%	4,4% - 4,6%	4,9% - 5,1%
Rendite Musterversicherung als Entgeltumwandlung mit Arbeitgeberzuschuss		
4,4% - 4,9%	4,6% - 5,1%	5,3% - 5,6%
Renditevorteil gegenüber normaler Musterversicherung		
0,7% - 1,1%	0,9% - 1,3%	1,6% - 1,8%

Quelle: Eigene Berechnungen anhand der Musterversicherung, beispielhafte Steuersätze

Die Auswirkungen einer betrieblichen Altersvorsorge für den Arbeitgeber

Eine betriebliche Altersvorsorge muss immer vom Arbeitgeber zugesagt werden und bleibt natürlich nicht ohne Auswirkungen für diesen. Ein sorgfältig geplantes und professionell konzipiertes Vorsorge-system bietet fast nur Vorteile für alle Beteiligten. Die wichtigsten Haftungsfallen sollte trotzdem jeder Arbeitgeber einschätzen können.

Die Vorteile für den Arbeitgeber

Auch Arbeitgeber haben konkrete finanzielle Vorteile aus einer betrieblichen Altersvorsorge. Nutzt ein Arbeitnehmer eine Entgeltumwandlung, dann spart dieser Steuern und Sozialabgaben. Da sich der Arbeitgeber an den Sozialabgaben beteiligt, profitiert auch dieser von der Sozialabgabenfreiheit der Beiträge. Bei einem durchschnittlichen Arbeitnehmer unter der Beitragsbemessungsgrenze liegt der Arbeitgeberanteil bei den Sozialabgaben bei 19,7% des Gehaltes. Mit einer betrieblichen Altersvorsorge per Entgeltumwandlung können folglich die Personalkosten ohne Gehaltskürzungen gesenkt werden, beziehungsweise ist eine betriebliche Altersvorsorge auch als attraktives Instrument bei Gehaltserhöhungen denkbar: Von einer normalen Gehaltserhöhung müssen Steuern und Abgaben geleistet werden, so dass auch bei einer üppigen Gehaltserhöhung nur ein Teil beim Arbeitnehmer ankommt und zusätzlich noch die Arbeitgeberbeiträge zur gesetzlichen Sozialversicherung geleistet werden müssen. Wird vereinbart, dass die Gehaltserhöhung in eine betriebliche Altersvorsorge fließt, hat der Arbeitnehmer mindestens den gleichen finanziellen Vorteil und die finanzielle Belastung des Arbeitgebers bleibt begrenzt.

Eine gute betriebliche Altersvorsorge ist auch eine hervorragende Möglichkeit, sich als attraktiven Arbeitgeber darzustellen. In den heutigen Zeiten des Fachkräftemangels wird es immer schwieriger, qualifiziertes Personal einstellen und dann auch halten zu können. Neben vielen weiteren Möglichkeiten der Mitarbeiterbindung ist eine betriebliche Altersvorsorge ein Element, das die Zufriedenheit der Angestellten mit dem eigenen Arbeitsplatz deutlich steigern kann. Ein weiterer Vorzug der betrieblichen Altersvorsorge per Direktversicherung, Pensionsfonds oder Pensionskasse ist der relativ geringe Verwaltungsaufwand. Ist das jeweilige Versorgungssystem einmal eingeführt, dann beschränkt sich die Verwaltung nur noch auf die Zahlung der Beiträge und die korrekte Buchhaltung. Die Anlage der Beiträge und die Zahlung der Leistungen übernimmt dann der jeweilige Produktpartner.

Was Arbeitgeber beachten sollten

Da der Arbeitgeber eine betriebliche Altersvorsorge gegenüber den Mitarbeitern zusagt, haftet dieser auch in erster Linie für alles, was in diesem Zusammenhang zugesichert wird. Deshalb kann es auch Gefahren und Haftungspotentiale geben, wenn gewisse Aspekte nicht beachtet werden. Im Folgenden sind die wichtigsten Haftungsfallen kurz aufgeführt.

Das Haftungspotential beginnt bereits, bevor überhaupt eine Zusage erteilt wird. Jeder Arbeitgeber hat eine allgemeine Fürsorgepflicht gegenüber den Angestellten. Daraus ergibt sich im Bereich der betrieblichen Altervorsorge eine Aufklärungs- und Informationspflicht, wobei die Arbeitnehmer über die Möglichkeiten der betrieblichen Altersvorsorge und die Vor- und Nachteile aufgeklärt werden müssen. Grundsätzlich erwarten die Arbeitsgerichte auch vom Arbeitnehmer, dass dieser in zumutbarer Weise über die allgemeinen Möglichkeiten und Folgen des Arbeitsverhältnisses und auch der betrieblichen Altersvorsorge selbst informiert ist. Um Unklarheiten und möglichen Schadensersatzforderungen wegen unterlassener Informationen zuvorzukommen ist es dennoch ratsam, den Arbeitnehmer unaufgefordert und umfassend zu informieren und dies auch zu dokumentieren. In der Praxis übernehmen das oft die Produktanbieter bzw. qualifizierte Vermittler, da diese aus deren Tätigkeit heraus ohnehin zutreffend und vollständig informieren und dies dokumentieren müssen.

Eine große Haftungsgefahr liegt in der Versorgungszusage selbst. Denn alles, was der Arbeitgeber zusagt, muss er auch einhalten. Insbesondere bei reinen Leistungszusagen wird der Finanzierungsaufwand sehr leicht unterschätzt. Eine Zusage ist schnell erteilt, besonders in wirtschaftlich guten Zeiten. Stellt sich im Laufe der Jahre jedoch heraus, dass die Leistungen die Finanzkraft des Unternehmens übersteigen ist es oft bereits zu spät. Beitragsorientierte Leistungszusagen und Beitragszusagen mit Mindestleistungen begrenzen das Haftungspotential deutlich, da zu

Beginn bereits die zugesagten Leistungen und der Finanzierungsaufwand bekannt und begrenzt sind.

Wenn Mitarbeiter das Unternehmen verlassen, kann es gegebenenfalls zu Nachforderungen kommen. Bei Abschluss eines betrieblichen Altersvorsorgevertrages fallen Abschlusskosten an, welche in den ersten Jahren von den Beiträgen abgezogen werden. Bei dem sogenannten Zillmer-Verfahren werden diese Kosten fast vollständig von den ersten Beiträgen gezahlt, so dass zu Beginn das Vertragsguthaben deutlich geringer ist als die eingezahlten Beiträge. Laut eines Urteils des Bundesarbeitsgerichtes ist dies eine Benachteiligung des Arbeitnehmers. Die Altersversorgungszusage muss zwar nicht rückabgewickelt werden, doch der Arbeitgeber muss gegebenenfalls den fehlenden Betrag aufstocken. Bei neu abzuschließenden Verträgen ist das sogenannte Zillmer-Verfahren in dieser problematischen Form nicht mehr zulässig. Vielmehr ist es nun üblich, dass die Abschlusskosten auf fünf Jahre verteilt werden. Dabei hat das Bundesarbeitsgericht signalisiert, dass diese fünfjährige Verteilung zumutbar sei und keine Benachteiligung bedeute. Dennoch kann es nicht schaden, den Arbeitnehmer zu informieren, dass in den ersten Jahren das Vertragsguthaben aufgrund der einmaligen Abschlusskosten geringer ist als die eingezahlten Beiträge. Eine Aufstockung durch den Arbeitgeber ist jedoch nur dann gerechtfertigt, wenn die Versorgungsleistung im Alter nicht mehr der zugesagten entspricht, was bei heutigen Verträgen grundsätzlich nicht mehr vorkommen kann.

Die Portabilität von Versorgungszusagen kann für den übernehmenden Arbeitgeber zu Nachteilen führen. Wenn dieser eine alte Zusage ungeprüft und identisch übernimmt, dann gehen auch alle möglichen Fehler und Unachtsamkeiten in dieser Zusage auf den nächsten Arbeitgeber über. Deshalb sollten solche Zusagen genauestens geprüft werden. Ist die bisherige Zusage nicht zielführend für den neuen Arbeitgeber, sollte besser die Möglichkeit der Mitnahme des Übertragungswertes auf eine wertgleiche neue Zusage genutzt werden.

Der allgemeine Gleichbehandlungsgrundsatz muss natürlich auch bei der betrieblichen Altersvorsorge gelten. Eine unterschiedliche Behandlung verschiedener Mitarbeitergruppen ist zwar grundsätzlich möglich, doch sollte diese nach objektiven und nachvollziehbaren Kriterien erfolgen. Sobald bei der Einrichtung eines Versorgungssystems einzelne Angestellte oder ganze Gruppen von Angestellten willkürlich schlechter gestellt sind, ist dies unzulässig und kann zu hohen Nachforderungen führen.

Für die laufenden Leistungen existiert grundsätzlich die Pflicht, zu prüfen, ob die Höhe der Leistung noch angemessen ist. Insbesondere Zusagen in den Durchführungswegen Unterstützungskasse und Direktzusage sind von der sogenannten Anpassungsprüfpflicht betroffen. Neben dem zusätzlichen Verwaltungsaufwand wird dadurch der Finanzierungsaufwand unkalkulierbar, insbesondere bei hohen Preissteigerungsraten. Dies entfällt bei allen Beitragszusagen mit Mindestleistung oder bei Direktversicherungen bzw. Pensionskassen, sofern die gesamten Überschüsse zur Leistungssteigerung verwendet werden.

Arbeitgeber, die an einen Tarifvertrag gebunden sind, müssen sich auch an diesen halten. Je nach Tarifvertrag ist die betriebliche Altersvorsorge unterschiedlich geregelt, wobei mindestens die gesetzlichen Regelungen bindend sein müssen. Abweichungen von Tarifvertrag sind nur zulässig, wenn Öffnungsklauseln dies vorsehen. Tarifgebundene Arbeitgeber sollten vor Erteilung einer Versorgungszusage unbedingt einen Blick in den Tarifvertrag werfen.

Bei Arbeitgebern, die diese Haftungsfallen kennen und ihre Versorgungsregelungen dahingehend optimiert haben, ist die Haftung minimiert und beschränkt sich im Endeffekt auf die Erfüllung der Zusage – sprich die Zahlung der Beiträge.

Fazit betriebliche Altersvorsorge

Die betriebliche Altersvorsorge ist die möglicherweise komplizierteste Gattung der staatlich geförderten Altersvorsorge. Dafür bietet sie aber vielfältige Möglichkeiten, wie die Leistungen im Detail ausgestaltet sein können. Die betriebliche Altersvorsorge ist die einzige staatlich geförderte Vorsorgeform, mit der auch eine echte vollständige Kapitalauszahlung zu Rentenbeginn möglich ist.

Für die meisten Angestellten ist eine betriebliche Altersvorsorge per Entgeltumwandlung eine finanziell sehr vorteilhafte Vorsorgeform, ohne dabei besondere Risiken eingehen zu müssen. Insbesondere, wenn der Arbeitgeber einen Zuschuss gewährt, sind außergewöhnliche Ergebnisse möglich. Doch es gibt auch Verlierer bei der betrieblichen Altervorsorge: Gesetzlich krankenversicherte Angestellte, deren Gehalt über der Beitragsbemessungsgrenze liegt, haben keinen Vorteil aus der Sozial-abgabenfreiheit der Beiträge für die Krankenversicherung, müssen aber im Alter dennoch den vollen Beitragssatz auf die Vorsorgeleistung aufbringen. Für sie kann sogar ein finanzieller Verlust aus einer Ent-geltumwandlung entstehen, so dass diese sich besser über Alternativen zur Entgeltumwandlung informieren sollten.

Da die Entgeltumwandlung vom Arbeitgeber angeboten werden muss und es in diesem Bereich viele Stolperfallen für den Arbeitgeber geben kann, sollten sich insbesondere Arbeitgeber genau über dieses Themenfeld informieren und ihren Gestaltungsspielraum möglichst zielführend nutzen und sich gegebenenfalls externer Spezialisten bedienen.

Die Riester-Rente

Wenn Sie an staatliche Förderung denken, dann denken Sie bestimmt zuerst an die Riester-Rente. Die 2002 eingeführte Riester-Rente ist die erste Form der staatlich geförderten Altersvorsorge. Nach einem eher verhaltenen Start in den ersten Jahren hat sie sich diese nun als bekanntester Vertreter der staatlich geförderten Altersvorsorge etabliert.

Wie bei allen anderen staatlich geförderten Altersvorsorgesystemen, sind die Leistungen im Todesfall und die Auszahlmöglichkeiten zu Rentenbeginn eingeschränkt. Dagegen erhalten Sie die staatliche Förderung und verwehren den Sozialbehörden die Anrechnung des Guthabens bei Hartz IV.

Wer erhält die Förderung

Die Riesterrente wurde eingeführt, damit gesetzlich Rentenversicherte die Rentenkürzungen ab 2002 mit eigenen Mitteln wieder auffüllen können. Klassische Zielgruppe sind dadurch alle Pflichtversicherten in der gesetzlichen Rentenversicherung. Diese sind unmittelbar zulagenberechtigt. Dazu gehören insbesondere Arbeitnehmer, Arbeitslosengeldempfänger und pflichtversicherte Selbständige. Darüber hinaus haben auch Beamte und Soldaten diesen Status und erhalten die staatlichen Zulagen.

Alle anderen haben grundsätzlich keinen Anspruch auf die staatliche Förderung, wie Selbständige und Hausfrauen. Doch auch diese können Anspruch auf die staatlichen Zulagen haben, wenn sie mit einem unmittelbar Zulagenberechtigten verheiratet sind. Der Status nennt sich dann „mittelbar zulagenberechtigt".

Welche Sparprodukte sind gefördert?

Nicht jedes Altersvorsorgeprodukt kann für die Riester-Rente genutzt werden. Es werden nur ganz bestimmte Produkte gefördert, die die gesetzlichen Voraussetzungen zur Riester-Förderung erfüllen und offiziell als Altersvorsorgevertrag von der Bundesanstalt für Finanzdienstleistungsaufsicht (zuständig bis Juni 2010) oder vom Bundeszentralamt für Steuern (zuständig ab Juli 2010) zertifiziert wurden.

Es gibt insgesamt 4 Produktkategorien, die gefördert werden können: Dies sind insbesondere die ursprünglichen Altersvorsorgeprodukte, wie Rentenversicherungen, Fondssparpläne und Banksparpläne. Seit 2008 kommt noch die Variante „Wohnriester" für selbstbewohnte Immobilien hinzu, die ihre eigenen Gesetzmäßigkeiten hat.

Rentenversicherungen

Damit private Rentenversicherungen als Riester-Vertrag zertifiziert werden, müssen diese die folgenden Bedingungen erfüllen:

Auszahlung nicht vor Ende des 60. Lebensjahres: Ein Riester-Vertrag darf ausschließlich der Altersvorsorge dienen, daher ist eine frühere Auszahlung der Altersrente nicht vorgesehen. Bei Verträgen, die ab dem 01.01.2012 abgeschlossen werden, erhöht sich dieses Mindestalter auf 62 Jahre.

Lebenslange Rentenzahlung: Standardmäßig muss die Altersvorsorge als lebenslange Leibrente ausgezahlt werden. Es dürfen jedoch zum Rentenbeginn bis zu 30% des Vertragsguthabens einmalig ausgezahlt werden, aus dem verbleibenden Guthaben wird dann eine gekürzte lebenslange Rente gezahlt.

Beitragsgarantie: Zu Rentenbeginn müssen mindestens die eingezahlten Beiträge zuzüglich der gewährten Zulagen für die Rentenzahlung zur Verfügung stehen. Beitragsanteile, die für Zusatzversicherungen zur Absicherung der verminderten Erwerbsfähigkeit oder Dienstunfähigkeit oder zur Hinterbliebenenabsicherung verwendet werden, können bis zu 15% der Beitragssumme davon abgezogen werden.

Eingeschränkte Hinterbliebenenleistung: Wenn eine Hinterbliebenenleistung vereinbart wird, dann sind geförderte Leistungen ausschließlich an den Ehegatten möglich oder an Kinder, für die ein Kindergeldanspruch besteht. Todesfallleistungen an alle anderen Personen führen dazu, dass die staatliche Förderung zurückgezahlt werden muss. Auch die Art einer förderunschädlichen Todesfallleistung ist beschränkt: Tritt der Todesfall ein, darf eine Witwenrente an den Ehegatten oder eine zeitlich befristete Waisenrente an die berechtigten Kinder vereinbart werden. Alternativ hat der verwitwete Ehegatte auch die Möglichkeit, das für den Todesfall abgesicherte Guthaben des Vertrages auf einen eigenen Riester-Vertrag zu übertragen. Wenn solch ein Vertrag noch nicht existiert, kann das bis zum Ende des Todesjahres nachgeholt werden. Eine Auszahlung des Guthabens in bar ist nicht vorgesehen bzw. führt zur Rückzahlung der staatlichen Förderung.

Riester-Rentenversicherungen sind sowohl als klassische oder auch fondsgebundene Rentenversicherung möglich. Bei der klassischen Rentenversicherung fließen die Spareinteile der Beiträge und der Zulagen in das Anlagevermögen der Versicherungsgesellschaft. Das Guthaben wird dann durch die Überschüsse der Gesellschaft verzinst, wobei es derzeit einen garantierten Überschusssatz von 2,25% gibt. Dies gilt jedoch nur für Verträge die noch im Jahr 2011 abgeschlossen werden. Bei Rentenversicherungen, die 2012 und später abgeschlossen werden, beträgt der Garantiezins nur noch 1,75%.

Bei den fondsgebundenen Rentenversicherungen wird ein Teil der Beiträge in Investmentfonds investiert. Welche Investmentfonds bespart werden sollen, können Sie entweder frei bestimmen oder aber Sie überlassen die Fondsauswahl den Produktanbietern – diese bieten eigens dafür verschiedene Anlagekonzepte an. Ein Wechsel zwischen den einzelnen Fonds ist grundsätzlich ohne besondere Einschränkungen möglich.

Da die Beiträge zu Rentenbeginn garantiert sein müssen, gibt es bei der Anlage jedoch Einschränkungen. Es gibt verschiedene Garantiemodelle, mit denen eine solche Garantie gewährleistet werden kann. Doch eines haben alle gemeinsam: Das Ergebnis einer 100%-igen Anlage in Investmentfonds werden Sie nicht erreichen. Entweder, weil ein großer

Teil des Beitrages in sichere, garantierte Anlageformen fließt und dadurch nur ein Teil Ihres Sparbeitrages tatsächlich in die gewählten Fonds investiert wird. Oder weil ein zusätzlicher Risikobeitrag zur Sicherstellung der Garantie einbehalten wird. In einem eigenen Abschnitt wird auf diese Garantiesysteme detaillierter eingegangen.

Investmentfondssparpläne

Riester-Zulagen bekommen Sie auch, wenn Sie einen zertifizierten Fondssparplan abschließen. Im Prinzip müssen diese die gleichen Anforderungen wie die Rentenversicherungen erfüllen: Die Auszahlung darf erst ab Alter 60 erfolgen, die Hinterbliebenenvorsorge ist eingeschränkt und es müssen mindestens die eingezahlten Beiträge zur Verfügung stehen.

Im Bereich der Hinterbliebenenabsicherung wird in der Praxis grundsätzlich das gesamte verbliebene Fondsguthaben an die Erben ausgezahlt, unabhängig davon, ob dies eine Rückzahlung der staatlichen Förderung zu Folge hat. Der Ehepartner kann dies förderunschädlich auf einen eigenen Riester-Vertrag einzahlen. Bei allen anderen Erben müssen die gewährten Zulagen und Steuervorteile wieder zurückgezahlt bzw. vom Guthaben abgezogen werden. Ab einem Alter von 85 ist jedoch stets das gesamte Kapital aufgebraucht und es gibt dann auch kein Guthaben mehr, das vererbt werden kann.

Investmentfonds sind in der Anlagepolitik flexibler als Versicherungsunternehmen, doch auch diese müssen mindestens die eingezahlten Beiträge plus Zulagen zu Rentenbeginn garantieren. Bei den meisten Anbietern sorgt ein mathematisches Finanzmarktmodell dafür, dass genug Mittel in sicheren Anlagen investiert ist, um die Garantie sicherzustellen. Der übrige Teil kann je nach Einschätzung der Fondsgesellschaft und entsprechend der Vorgabe des Modells rentabler angelegt werden. Bei Markteinbrüchen reagiert der Fonds automatisch und schichtet das Guthaben vermehrt in sichere Anlagen um. Grundsätzlich lässt sich bei solchen Fonds beobachten, dass besonders bei langen Laufzeiten der

Anteil rentablerer Anlagen anfangs relativ hoch sein kann und zum Ende hin der Anteil der sicheren Investments stetig zunimmt. Der Vorteil solcher Verfahren ist es, dass eine Garantie gewährleistet werden kann und dennoch relativ hohe Anteile von rentableren Anlageformen, wie beispielsweise Aktien, möglich sind. Im Gegenzug haben Sie keine Möglichkeit, selbst in die Anlagepolitik einzugreifen: Sie müssen auf die Anlagekompetenz der Fondsgesellschaft vertrauen. Riester-Investmentfonds spielen ihren möglichen Renditevorteil besonders dann aus, wenn Sie noch viel Zeit bis zum Ruhestand haben und dadurch der Aktienanteil im Fonds relativ hoch sein darf. Bei kurzen Restlaufzeiten sind Riester-Investmentfonds überwiegend in sichere Anlagen investiert und besitzen dann auch keinen besonderen Anlagevorteil mehr.

Ihre monatliche Altersvorsorgeleistung besteht bei Riester-Investmentfonds aus zwei Teilen: Zunächst erhalten Sie Leistungen aus einem Auszahlplan. Dabei bleibt das Fondsguthaben investiert und es wird ratierlich bis zum Alter 85 ausgezahlt. Die Höhe Ihrer monatlichen Rentenzahlungen hängt dadurch nicht nur in der Ansparphase, sondern auch in der Auszahlungsphase von der Wertentwicklung des Fonds ab. Bei starken Finanzmärkten erhöht das natürlich Ihre Chancen, jedoch kann es auch vorkommen, dass Sie nur ein geringes Ergebnis aus dem Auszahlplan erhalten können, weil gerade dann ein Markteinbruch stattfindet.

Zum Ende des Auszahlplans ist das Kapital aufgebraucht und Sie erhalten danach eine normale lebenslange Rente. Für die lebenslange Rente ab dem Alter von 85 schließt die Fondsgesellschaft eine Rentenversicherung bei einem Versicherungsunternehmen ab. Der erforderliche einmalige Beitrag wird in der Regel bereits zu Beginn des Auszahlplanes aus dem Fondsguthaben entnommen. Welches Versicherungsunternehmen das ist und zu welchen Konditionen diese Versicherung aber abgeschlossen wird, legt der Anbieter jedoch erst zum Leistungszeitpunkt fest. Es ist zwar gesetzlich geregelt, dass die monatlichen Leistungen gleich bleiben oder steigen müssen. Umstritten dabei ist jedoch, ob die

Zinsen und Überschüsse der Auszahlungsphase mit berücksichtigt werden müssen. Wenn sich das Fondsguthaben attraktiv verzinst, dann sind die laufenden Leistungen des Auszahlplans entsprechend höher als die bisher kalkulierten, was natürlich sehr erfreulich ist. Doch wenn ab dem Alter 85 der Auszahlplan endet und dafür die lebenslange Rentenzahlung aus der dafür abgeschlossenen Rentenversicherung einsetzt, dann kann diese Rente niedriger sein als die Zahlungen aus dem Auszahlplan. Es könnte deshalb vorkommen, dass Ihre Riester-Rente ab dem fünfundachtzigsten Geburtstag deutlich niedriger werden könnte. Ob dies tatsächlich so zulässig sein wird, müssen im Zweifel die deutschen Gerichte entscheiden. Da das Guthaben von Riester-Verträgen zwischen den Anbietern übertragbar ist, können Sie diese Unsicherheit elegant umgehen, indem Sie einen renditestarken Riester-Fondssparplan abschließen und gegen Ende der Sparphase das angesammelte Kapital in eine Riester-Versicherung Ihrer Wahl übertragen können, aus der Sie dann eine lebenslange Rente erhalten.

Ebenso wie bei den Versicherungen dürfen auch bei Riester-Fondssparplänen einmalig bis zu 30% des Guthabens zu Rentenbeginn ausgezahlt werden. Es wird dann der verringerte Beitrag per Auszahlplan mit Restkapitalverrentung ausgezahlt.

Insgesamt stecken in einem Riester-Investmentfonds verschiedene Unsicherheiten. Zum einen die Wertentwicklung in der Ansparphase, dann die Wertentwicklung in der Leistungsphase und dadurch auch die Höhe der Gesamtrente, weiterhin noch die Unsicherheit, bei welcher Versicherung zu welchen Vertragsbedingungen die Verrentung ab dem Alter von 85 erfolgt, wie die gesetzliche Regelung einer gleichbleibenden oder steigenden Rente ausgelegt werden wird und dass Sie selbst keinerlei Möglichkeiten haben, in die Anlagepolitik einzugreifen. Dagegen haben Sie mit einem Riester-Investmentfonds die Chance auf überdurchschnittliche Wertentwicklungen, sowohl in der Spar- als auch der Auszahlungsphase. Riester-Fonds eignen sich für diejenigen Riester-

Sparer, die optimistisch gegenüber den globalen Finanzmärkten sind und dem Fondsanbieter auch das nötige Vertrauen entgegenbringen, dass dieser die Anlage optimal verwaltet und zu Leistungsbeginn den passenden Rentenversicherungs-Partner auswählt.

Riester-Banksparpläne

Riester-Banksparpläne werden nur von einigen wenigen Banken und Sparkassen angeboten. Sie zahlen Ihre Beiträge auf ein verzinstes Konto ein und erhalten hier ebenso die Riester-Förderung, wenn der Banksparplan als Altersvorsorgevertrag zertifiziert wurde. Im Todesfall wird, ähnlich wie bei den Investmentfonds, das Guthaben förderschädlich an die Erben ausgezahlt oder förderunschädlich auf einen Riester-Vertrag des Ehegatten übertragen. Zu Rentenbeginn ist entweder eine sofortige lebenslange Rente über eine Rentenversicherung möglich oder ein Auszahlplan bis zum Alter von 85 mit nachfolgender Verrentung, ähnlich wie beim Fondssparplan.

Das Guthaben im Banksparplan wird verzinst. Dabei kann es deutliche Unterschiede in den einzelnen Modalitäten geben. Die Zinsen orientieren sich bei allen Anbietern am gegenwärtigen Marktzins, doch es gibt untereinander deutliche Unterschiede in der Höhe der Verzinsung und wie die Konditionen des Riester-Vertrages auf steigende oder fallende Zinsen angepasst werden. Außerdem gibt es unterschiedliche Regelungen, wann die Zinsen gutgeschrieben werden – von monatlich bis einmal im Jahr sind dabei grundsätzlich möglich. Bei einer monatlichen Zinsgutschrift kommt der Zinseszinseffekt deutlicher zum Tragen als bei einer jährlichen. Oft gibt es auch – je nach Bank – verschiedene Zins-Bonus-Systeme, die den Vergleich der Sparplanangebote zusätzlich erschweren.

Außerordentliche oder überdurchschnittliche Gewinne sollten Sie bei einem Riester-Banksparplan nicht erwarten, dagegen sind die Kosten sehr gering. Es werden keine Abschlusskosten erhoben und auch die laufende Verwaltung des Sparplans ist sehr günstig, wenn nicht sogar kostenlos. Riester-Banksparpläne sind die sicherste Form der Riester-Rente, Kurs-

oder Wertverluste sind nuturgemäß überhaupt nicht möglich und die anbietenden Banken gehören den jeweiligen Einlagensicherungssystemen an. Zusätzlich hat die Bundesregierung im Zusammenhang mit der Finanzkrise eine Garantie für alle Spareinlagen ausgesprochen.

Da Riester-Banksparpläne sehr kostengünstig sind und die Banken nur wenige Gewinne damit erzielen, ist das Angebot sehr begrenzt. Bei den großen Banken fragen Sie meist vergeblich nach Riester-Banksparplänen. Lediglich einige kleinere oder regionale Banken und Sparkassen bieten Riester-Banksparpläne an und auch bei denen oft nur auf konkrete Nachfrage.

Wie funktioniert Wohn-Riester

Wohn-Riester ist kein Produkt an sich und kann in vielen verschiedenen Ausgestaltungen vorkommen. Mittels Wohnriester können Sie die Riester-Förderung oder auch ein bereits vorhandenes Riester-Guthaben für Ihre selbstbewohnte Immobilie nutzen. Allen Varianten gemeinsam ist es, dass die Mittel bzw. die Förderung ausschließlich für eine selbstbewohnte Immobilie genutzt werden dürfen. Diese Immobilie muss dann auch der Hauptwohnsitz sein, Ferienwohnsitze oder Zweitwohnungen sind deshalb ausdrücklich von der Wohn-Riester-Förderung ausgenommen. Außerdem muss die Immobilie innerhalb der Europäischen Union liegen und muss mindestens 20 Jahre lang selbst bewohnt werden, sonst verlieren Sie den Anspruch auf die staatliche Förderung. Sollten Sie die Immobilie innerhalb dieser Frist verkaufen, dann verlieren Sie die Förderung nur dann nicht, wenn Sie unmittelbar darauf eine andere selbstbewohnte Immobilie in Deutschland oder im EU-Ausland erwerben oder den Verkaufserlös in einen anderen Riester-Vertrag einzahlen. Auch wenn Sie Ihre Immobilie längere Zeit nicht selbst bewohnen oder diese gar vermieten, ist das eine förderschädliche Verwendung – Ausnahmen gibt es nur, wenn Sie berufsbedingt umziehen müssen. Ihnen sollte daher bewusst sein, dass Wohn-Riester in der Regel nur dann für Sie in Frage kommt, wenn Sie auch dauerhaft in Ihrer Immobilie wohnen möchten.

Förderfähig im Rahmen der Wohnriester-Förderung sind insbesondere Darlehen. Im Gesetz ist geregelt, dass die Tilgung des Darlehens spätestens bis zur Vollendung des 68. Lebensjahres zu erfolgen hat. Das Darlehen ist meist ein in Deutschland übliches Annuitätendarlehen, welches über eine feste Laufzeit mit einer monatlich gleichbleibenden Rate abgezahlt wird. Die Riester-Zulagen werden dabei zur Tilgung der Darlehensschuld verwendet, so dass dadurch das Darlehen früher abgezahlt ist als ein vergleichbares Darlehen. Außerdem können die Raten innerhalb der gesetzlichen Grenzen zur Riester-Förderung als Sonderausgabenabzug geltend gemacht werden. Mit den Raten und den Zulagen wird ein fiktives Wohnförderkonto geführt, welches fiktiv mit zwei Prozent jährlich verzinst wird. Dieses virtuelle Konto hat dann zu Rentenbeginn einen bestimmten Wert angenommen – dieser fiktive Wert ist dann die Bemessungsgrundlage für die Besteuerung im Alter. Da Sie durch Wohnriester im Alter keine direkte Rente bekommen, die besteuert werden kann, ist das Wohnförderkonto ein künstliches Hilfsmittel für die Finanzämter, um Ihre Steuerzahlungen im Alter zu berechnen.

Außerdem lassen sich dank Wohnriester auch Sparen und Baufinanzierung kombinieren: Wenn der Bau oder Erwerb Ihrer Immobilie noch in der Zukunft liegt, dann können Sie dennoch heute schon die Riester-Förderung nutzen. Beispielsweise können Sie einen Bausparvertrag besparen, erhalten dafür die üblichen Zulagen und wenn Sie das Bauspardarlehen in Anspruch nehmen, wird dieses dann mit den Zulagen zusätzlich getilgt. Bei einem Bausparvertrag haben Sie jedoch die Einschränkungen, dass dieser grundsätzlich nur für den Immobilienerwerb genutzt werden darf. Sollten Sie sich unsicher sein, ob Sie überhaupt eine solche selbstgenutzte Immobilie erwerben möchten, gibt es sinnvollere Alternativen.

Mit Wohnriester werden grundsätzlich nur Darlehen und Bausparverträge in Verbindung gebracht. Doch wenn Sie mit Riester-Förderung Ihren Immobilienwunsch wahrmachen wollen, können Sie auch die normalen Altersvorsorgeverträge nutzen. Zum Rentenbeginn können Sie das

angesparte Guthaben bis zu 75% oder auch komplett für den Bau oder
Erwerb einer selbstbewohnten Immobilie, beziehungsweise zur Entschul-
dung eines dafür laufenden Darlehens verwenden. Viele aktuelle
Produktangebote sehen auch eine Darlehensoption mit vergünstigten
Konditionen vor – insbesondere bei Banken oder großen Versicherungs-
konzernen. Dabei erhalten Sie zu Vertragsbeginn bereits zusätzlich zum
Riester-Vertrag eine Darlehenszusage. Sobald Sie diese Darlehensoption
nutzen, ruht das angesparte Guthaben und Sie zahlen dann anstatt von
Riester-Beiträgen Ihr Riester-Darlehen ab, welches dann die Wohnriester-
Förderung erhält. Zu Rentenbeginn können Sie dann zusätzlich noch das
Guthaben des Sparvertrages nutzen, um das Darlehen zu entschulden.
Wenn Sie sich vielleicht noch unschlüssig sind, ob Sie eine selbstgenutzte
Immobilie erwerben möchten, dann haben Sie keinen Nachteil, wenn Sie
mit einem normalen, für Sie passenden Riester-Vertrag die Zulagen
nutzen und dann mit Hilfe einer solchen Darlehensoption auf die
Wohnriester-Förderung wechseln. Hinzu kommt, dass diese Darlehen oft
besonders günstige Konditionen aufweisen, da Ihr angespartes Guthaben
als Sicherheit dienen kann.

Die staatliche Förderung von Riester-Verträgen

Die Zulagen

Die Förderung von Riester-Verträgen erfolgt in erster Linie über
jährliche staatliche Zulagen und eventuell einen zusätzlichen
Steuerabzug. Jeder Riester-Sparer erhält zunächst einmal die Grundzulage
von 154€. Haben Sie Kinder, dann erhalten Sie zusätzlich noch
Kinderzulagen für jedes Kind: Bei Kindern, die vor 2008 geboren wurden,
zahlt der Staat 185€, bei Kindern die 2008 und später geboren wurden,
erhalten Sie sogar 300€ als Kinderzulage. Die Kinderzulage hat die
gleichen Voraussetzungen wie das Kindergeld. Solange Sie Kindergeld
beziehen, haben Sie auch Anspruch auf die jeweiligen Kinderzulagen. Bei
Ehepaaren erhält die Mutter die Kinderzulage, soll der Vater diese
bekommen, muss dies jedes Jahr neu beantragt werden. Bei nicht

verheirateten Eltern erhält derjenige die Kinderzulage, der auch das Kindergeld erhält. Sobald die Voraussetzungen für das Kindergeld nicht mehr erfüllt sind, erhalten Sie auch keine Kinderzulage mehr. Planen Sie deshalb die Kinderzulagen niemals fest für die gesamte Dauer Ihres Riester-Vertrages ein.

Junge Erwachsene, die bis zum 25. Lebensjahr eine Riester-Rente abschließen, erhalten einmalig 200 Euro vom Staat zusätzlich gutgeschrieben.

Die Zulagen werden nicht automatisch gewährt. Jedes Jahr müssen diese erneut beantragt werden. Mit Hilfe eines Dauerzulagenantrags können Sie Ihren Produktpartner damit beauftragen. Dieser Dauerzulagenantrag ist jedoch auch kein Selbstläufer: Wenn sich wesentliche relevante Daten ändern, dann müssen Sie dies dem Produktpartner mitteilen, beispielsweise wenn ein Kind hinzukommt oder für ein Kind die Voraussetzungen für das Kindergeld nicht mehr erfüllt sind. Vergessen Sie dies, dann verschenken Sie entweder Ihnen zustehende Zulagen oder der Staat muss zu Unrecht ausgezahlte Zulagen wieder zurückfordern.

Welcher Beitrag wird gefördert?

Welcher Beitrag gefördert wird, hängt von Ihrem Einkommen ab, genauer gesagt, dem Einkommen aus dem vorigen Jahr. Vier Prozent des Vorjahreseinkommens sind derzeit als Riester-Beitrag festgesetzt. Dies ist der jährliche Gesamtbeitrag, wenn Sie die volle Riester-Förderung erhalten möchten. Dieser Gesamtbeitrag ist jedoch nicht der Beitrag, den Sie tatsächlich zahlen müssen. Sie erhalten für Ihre Riester-Rente staatliche Zulagen, diese Zulagen sind ebenfalls ein Teil des förderfähigen Gesamtbeitrages. Das bedeutet wiederum, dass Sie selbst nur den Gesamtbeitrag minus Ihre Zulagen tatsächlich zahlen müssten. Dies ist dann der sogenannte Eigenbeitrag, den Sie zahlen müssten, um die volle staatliche Förderung zu erhalten. Wenn Sie ein geringes Einkommen haben und die Zulagen relativ hoch sind, dann könnte es theoretisch vorkommen, dass Ihr Eigenbeitrag sogar negativ sein kann. Damit dies nicht vorkommen kann, hat der Gesetzgeber einen Sockelbeitrag von 60€ festgelegt, den Sie immer mindestens selbst leisten müssen. Wenn Sie einfach einmal diese Beträge aufschreiben und ausrechnen, dann können Sie sofort die staatliche Förderung sehen: Gespart wird für jedes Jahr der Gesamtbeitrag, doch zahlen müssen Sie selbst nur den Eigenbeitrag.

Berechnungsschema Riester-Rente

Vorjahreseinkommen

_____ €

davon 4%
ergibt **Gesamtbeitrag** (jährlich)

_____ €

Zulagen für die Riester-Rente
Grundzulage (154€); Kinderzulagen (185€ je
Kind bzw. 300€, wenn 2008 oder später
geboren)

_____ €

Eigenbeitrag
Gesamtbeitrag minus Zulagen (mindestens 60€)

_____ €

Förderquote auf den Eigenbeitrag
Zulagen ÷ Eigenbeitrag

_____ %

Die kompletten staatlichen Zulagen erhalten Sie jedoch nur, wenn Sie den vollen Riester-Eigenbeitrag zahlen. Wenn Sie weniger als den vollen Beitrag sparen, denn werden die Zulagen anteilig gekürzt, doch nur in dem Umfang, wie Sie den geringeren Beitrag zahlen. Relativ gesehen haben Sie auch bei geringeren Beiträgen die gleiche Förderquote.

Von den Zulagen profitieren Geringverdiener besonders stark, denn für diese hat die für alle Riester-Sparer gleiche Zulage einen höheren Anteil am Gesamtbeitrag. Auch Eltern haben enorme Vorteile aus einer Riester-Rente, die Kinderzulagen sind betragsmäßig noch höher als die Grundzulage und besonders kinderreiche Familien können von mehrfachen Kinderzulagen profitieren.

Förderung mit Riester-Zulagen – Beispiele

Einkommen im Vorjahr

10.000€	15.000€	20.000€	30.000€	40.000€	52.500€ und mehr

geförderter Riester-Gesamtbeitrag (jährlich und monatlich)

400€	600€	800€	1.200€	1.600€	2.100€
33,33€	50€	66,66€	100€	133,33€	175€

Riester-Rente ohne Kinder

Riester-Zulage

154€	154€	154€	154€	154€	154€

Riester-Eigenbeitrag (jährlich und monatlich)

246€	446€	646€	1.046€	1.446€	1.946€
20,50€	37,17€	53,83€	87,17€	120,50€	162,17€

Förderquote

63%	35%	24%	15%	11%	8%

Riester-Rente mit 2 Kindern
(ein Kind vor und ein Kind nach 2008 geboren)

Riester-Zulage

639€	639€	639€	639€	639€

Riester-Eigenbeitrag (jährlich und monatlich)

60€	161€	561€	961€	1.461€
5€	13,42€	46,75€	80,08€	121,75€

Förderquote

1065% Der Gesamtbeitrag erhöht sich dank der Zulagen auf insg. 699€	397%	114%	66%	44%

Quelle: Eigene Berechnungen, ohne Berücksichtigung Sonderausgabenabzug

Doch auch Besserverdienende können noch einen zusätzlichen Vorteil aus der Riester-Rente erzielen: Die Beiträge für die Riester-Rente können bis zu 2.100 Euro von der Steuer abgesetzt werden. Wenn die sich dadurch ergebende Steuererstattung größer ist als die gewährten Zulagen, dann erhalten Sie diesen Betrag minus der bereits gezahlten Zulagen im Rahmen Ihrer Steuererklärung erstattet.

Die Riester-Rente in der Leistungsphase

Wie bei jeder staatlich geförderten Altersvorsorge sind die Zulagen und Steuervorteile keine reinen Geschenke. Auch bei der Riester-Rente holt sich der Staat einen großen Teil der Förderung durch Steuern im Alter wieder zurück.

Die lebenslange Rente bzw. die Zahlungen aus dem Auszahlplan müssen komplett versteuert werden. Dies gilt ebenso für die einmalige Kapitalauszahlung von bis zu 30% des Vertragsguthabens. Dabei kann die Steuerlast deutlich steigen, da aufgrund der Steuerprogression sehr schnell hohe Steuersätze erreicht werden können.

Wenn Sie die Möglichkeit Wohn-Riester nutzen, dann bekommen Sie keine direkte Rente ausgezahlt, stattdessen bewohnen Sie dann im Idealfall Ihr Eigenheim mietfrei. Damit das Finanzamt eine Grundlage für die nachgelagerte Besteuerung hat, ist dann das virtuelle Wohnförderkonto die Basis der Besteuerung. Was Sie unbedingt bei der Besteuerung von Wohn-Riester bedenken sollten: Sie müssen Steuern zahlen, ohne dass Sie zusätzliche Geldeinnahmen aus der Riester-Rente erhalten. Das sollte Ihnen bei der Liquiditätsplanung im Alter bewusst sein.

Bei der Besteuerung von Wohn-Riester gibt es zwei Varianten: Das Guthaben des Wohnförderkontos wird über mehrere Jahre bis zum 85. Lebensjahr aufgeteilt und jedes Jahr wird dann der jeweilige Anteil versteuert. Alternativ können Sie die Besteuerung auch auf einen Schlag erledigen: Zu Rentenbeginn wird dann das Wohnförderkonto auf einmal besteuert. Der Vorteil dabei ist, dass dann nur 70% des Betrages versteuert werden müssen. Welche Variante die bessere ist, hängt von Ihrer persönlichen steuerlichen Situation ab, deshalb kann grundsätzlich immer empfohlen werden, dass Sie vor dem Rentenbeginn einen Steuerberater dazu konsultieren sollten.

Wenn Sie vor Ende des 85. Lebensjahres versterben sollten, dann ist der dann noch verbleibende Betrag des Wohnförderkontos für das Todesjahr zu versteuern. Sie hinterlassen dadurch Ihren Erben nicht nur die Immobilie, sondern auch noch eine Steuerschuld zusätzlich zur möglicherweise anfallenden Erbschaftssteuer. Einzige Ausnahme ist, wenn der verbleibende Ehegatte in der gemeinsamen Wohnung bzw. dem gemeinsamen Haus wohnen bleibt und das Wohnförderkonto selbst regulär weiter bedient.

Die gesamten Auswirkungen der Riester-Förderung

Das Besondere bei der Riester-Rente ist, dass diese nicht in erster Linie steuerlich gefördert wird, sondern dass der Staat eine feste Zulage zusätzlich zum Eigenbeitrag gewährt. Da die Zulagen bei geringeren Eigenbeiträgen einen hohen Anteil am Gesamtbeitrag haben, lohnt sich diese besonders für Geringverdiener. Die Kinderzulagen sind mit bis zu 300€ pro Kind sehr großzügig, so dass auch kinderreiche Familien oder Alleinerziehende einen großen Vorteil aus der Riester-Rente haben sollten.

Wie hoch genau der Vorteil ist, lässt sich anhand der bereits vorgestellten „Musterversicherung" ermitteln. Dabei wird unterschieden, ob Sie als Kinderloser diese abschließen würden oder ob Sie Anspruch auf Kinderzulagen hätten.

Die Riester-Musterversicherung für Kinderlose

Familien oder Singles ohne Kinder haben vergleichsweise die geringste Riester-Förderung, da nur die Grundzulage und evtl. ein Steuerabzug geltend gemacht werden können. Dennoch haben auch diese einen finanziellen Vorteil aus der Förderung: Gerade bei den niedrigeren Einkommen zeigt sich ein spürbarer Effekt aus der Riester-Förderung. Die Rendite der „geriesterten Musterversicherung" ist bei Gehältern bis 1.250€ mehr als ein Prozent höher als vergleichsweise bei der normalen „Musterversicherung". Doch je höher das Einkommen steigt, desto geringer wird der finanzielle Vorteil aus einer Riester-Rente. Sie können dann zwar zusätzlich zur Grundzulage die Beiträge von der Steuer absetzen, dennoch sinkt die Attraktivität der Riester-Rente spürbar, da Sie auch im Alter in der Regel mehr Steuern auf die Riester-Rente zahlen müssen.

Förderquoten der Riester-Rente (Kinderlose)				
Gehalt monatlich (brutto)				
1.000€	1.250€	2.500€	3.500€	4.500€
monatlicher Gesamtbeitrag				
40€	50€	100€	140€	175€
jährliche Riester-Zulage				
154€	154€	154€	154€	154€
monatlicher Eigenbeitrag				
27,17€	37,17€	87,17€	127,17€	162,17€
zusätzliche jährliche Steuererstattung				
0 (Steuersatz 10%)	0 (Steuersatz 15%)	146€ (Steuersatz 25%)	434€ (Steuersatz 35%)	728€ (Steuersatz 42%)
Rendite Musterversicherung (ohne Riester-Förderung)				
3,3%-3,5%	3,4%-3,6%	3,7%	3,8%	3,8%
Rendite Riester-Musterversicherung				
4,9%-5,9%	4,5%-5,1%	4,1%-4,4%	4,1%-4,4%	4,1%-4,3%
Renditevorteil der Riester-Förderung				
1,4%-2,6%	0,9%-1,7%	0,4%-0,7%	0,3%-0,6%	0,3%-0,5%

Quelle: Eigene Berechnungen, Rendite inkl. Effekt von Zulagen und Steuererstattung; Steuersätze sind beispielhaft; Steuersatz im Alter=heutiger Steuersatz - 10%,Laufzeit 10,20 und 30 Jahre

Die Riester-Musterversicherung bei einem Kind

Wenn Sie ein Kind haben, dann sorgt allein schon die Kinderzulage für einen deutlichen Schub zugunsten der Riester-Rente. Dank der Förderung können Sie mit relativ wenig finanziellem Aufwand eine private Altersvorsorge aufbauen. Dies zeigt sich bei Geringverdienern in besonderem Maße: Wenn Ihr monatliches Bruttogehalt beispielsweise bei 1.250€ liegt, dann müssten Sie für die vollen Zulagen nur 21,75€ jeden Monat selbst zurücklegen – bzw. 12,17€ wenn das Kind 2008 oder später geboren ist. Mit diesem relativ geringen Eigenbeitrag würden Sie jedoch aufgrund der üppigen Zulagen eine monatliche Gesamtsparleistung von 50€ erzielen. Die Rendite der Musterversicherung steigt dadurch auf wirklich traumhafte Werte an, die sonst nur mit enorm riskanten Anlageformen möglich wäre.

Förderquoten der Riester-Rente (ein Kind)				
Gehalt monatlich (brutto)				
1.000€	1.250€	2.500€	3.500€	4.500€
monatlicher Gesamtbeitrag				
40€	50€	100€	140€	175€
jährliche Riester-Zulage				
339€[1] 454€[2]	339€[1] 454€[2]	339€[1] 454€[2]	339€[1] 454€[2]	339€[1] 454€[2]
monatlicher Eigenbeitrag				
11,75€[1] 5€[2]	21,75€[1] 12,17€[2]	71,75€[1] 62,17€[2]	111,75x€[1] 102,17€[2]	146,75€[1] 137,17€[2]
zusätzliche jährliche Steuererstattung				
0€ (Steuersatz 10%)	0€ (Steuersatz 15%)	0€ (Steuersatz 25%)	249€[1] 134€[2] (Steuersatz 35%)	543€[1] 428€[2] (Steuersatz 42%)
Rendite Musterversicherung (ohne Riester-Förderung)				
3,4%	3,4%	3,7%	3,8%	3,8%
Rendite Riester-Musterversicherung				
7,9%-9,5%[1] 11,3%-14%[2]	6,4-7,3%[1] 8,5%-10,2%[2]	4,3%[1] 4,8%-5,0%[2]	4,1%-4,2%[1] 4,2%[2]	4,1%-4,2%[1] 4,2%-4,3%[2]
Renditevorteil der Riester-Förderung				
4,5%-6,1%[1] 7,9%-10,6%[2]	3,0%-3,9%[1] 5,1%-6,8%[2]	0,7%[1] 1,1%-1,3%[2]	0,3%-0,4%[1] 0,4%[2]	0,3%-0,4%[1] 0,4%-0,5%[2]

Quelle: Eigene Berechnungen,
1) 185€ Kinderzulage für vor 2008 geborene Kinder
2) 300€ Kinderzulage für 2008 und später geborene Kinder
Rendite inkl. Effekt von Zulagen und Steuererstattung; Steuersätze sind beispielhaft; Steuersatz im Alter=heutiger Steuersatz - 10%,Laufzeit 20 und 30 Jahre, Kinderzulagen werden unbegrenzt gezahlt

Doch auch hier gilt: Je höher Ihr Gehalt ist, desto geringer sind die Auswirkungen der staatlichen Förderung. Bereits ab einem monatlichen Bruttogehalt von 2.500€ sinkt der Vorteil aus der Riester-Förderung auf ca. ein Prozent und bei noch höheren Gehältern zeigen sich kaum noch zusätzliche Auswirkungen der Kinderzulagen.

Bitte beachten Sie, dass Kinderzulagen nur zeitlich begrenzt gezahlt werden. Sobald die Voraussetzungen für das gesetzliche Kindergeld nicht mehr erfüllt sind, erhalten Sie auch keine Kinderzulagen mehr. Sie können daher für jedes Kind maximal 18 Jahre lang (beziehungsweise 25 Jahre, wenn es sich noch in Ausbildung befindet) die Kinderzulagen für Ihren Riester-Vertrag erhalten. Außerdem kann in der Regel nur ein Elternteil die Kinderzulage erhalten, normalerweise ist dies die Mutter des Kindes.

Die Riester-Musterversicherung mit mehreren Kindern

Wenn Sie mehrere Kinder haben, dann erhalten Sie die Kinderzulagen auch mehrfach. Theoretische Höchstgrenzen gibt es dabei keine. Die Resultate sind vom Grundsatz her jedoch die gleichen, wie bereits bei einem Kind. Geringverdiener profitieren von mehreren Kinderzulagen enorm. Aufgrund der hohen Zulagen zahlen diese meist nur den Sockelbeitrag von 60 Euro jährlich und die gesamten Zulagen kommen von staatlicher Seite noch hinzu. So kommt auch bei Geringverdienern ein spürbarer Gesamtbeitrag zusammen. Auch im mittleren Einkommensbereich sorgen die Kinderzulagen in der Musterversicherung für gute Renditen von fünf Prozent und mehr.

Doch auch mit mehreren Kinderzulagen sinkt der finanzielle Vorteil, je höher Ihr Einkommen ist. Bei Besserverdienenden, die mehr als 4.000 Euro monatlich verdienen, zeigen sich erst spürbare Auswirkungen bei drei oder mehr Kindern.

Fazit Riester-Rente

Seit der Einführung der Riester-Rente im Jahr 2002 hat sich diese allmählich behauptet und etabliert. Das liegt unter anderem auch an der breiten Produktvielfalt und den relativ vielfältigen Verwendungsmöglichkeiten. Eine große Mehrheit der Deutschen hat einen Anspruch auf Riester-Förderung. Besonders für Geringverdiener und Eltern sind die finanziellen Vorteile so attraktiv, dass für diese eigentlich kein Weg an der Riester-Rente vorbeiführt. Mit relativ geringen Eigenbeiträgen lässt sich aufgrund der staatlichen Zulagen eine stattliche Altersvorsorge aufbauen.

Besserverdienende haben grundsätzlich auch einen finanziellen Vorteil aus der Riester-Förderung, doch je höher das Einkommen ist, desto geringer fällt dieser aus, da die gesamte Rente im Alter versteuert werden muss. Dadurch wird ein Großteil der Förderung wieder aufgezehrt.

Die Riester-Förderung ist in der Höhe sehr begrenzt. Da maximal 4% des Vorjahreseinkommens als Beitrag gefördert werden, kann es oft vorkommen, dass die Riester-Rente allein die Vorsorgelücke im Alter nicht schließen kann. Deshalb sollte auch jeder, der bereits über eine Riester-Rente verfügt, nochmals seine Vorsorgesituation überprüfen und gegebenfalls zusätzliche Vorsorge betreiben.

Private Altersvorsorge ohne staatliche Förderung

Neben der staatlich geförderten Altersvorsorge gibt es noch unzählige weitere Möglichkeiten, wie Sie Ihren Ruhestand finanziell absichern können. Damit staatliche Förderungen gewährt werden können, müssen insbesondere bei den Verwendungs- und Übertragungsmöglichkeiten gewisse Einschränkungen in Kauf genommen werden. Sehr oft sind die gesetzlichen Ansprüche zu streng, um noch akzeptabel zu sein, so dass sich für viele auch ein Blick auf die weiteren, nicht staatlich geförderten Möglichkeiten lohnt.

Ganz gleich, ob mit oder ohne Förderung, bei der privaten Altersvorsorge geht es in erster Linie um Geldanlage: Sie sparen einen Teil Ihres Einkommens und erwarten, dass sich dieser Betrag vermehrt und Sie im Alter davon leben können. Da bei der ungeförderten Vorsorge deutlich weniger gesetzliche Vorschriften und Einschränkungen beachtet werden müssen, sind die Auswahlmöglichkeiten um ein Vielfaches größer als bei den staatlich geförderten Produkten. Ihnen stehen hierbei so gut wie alle denkbaren Produkte der Finanz- und Versicherungswirtschaft zur Verfügung – ganz gleich ob Bankanlagen, Versicherungsprodukte, Investmentfonds, Aktien, Beteiligungen oder auch die eigene Immobilie – hier haben Sie die freie Wahl und können sich so Ihre eigene maßgeschneiderte Vorsorge aufbauen. Die internationalen Finanzmärkte sind heutzutage so umfangreich und professionell, dass für nahezu jede denkbare Anlagestrategie auch die dazu passenden Produkte angeboten werden. Manche davon sind riskanter als andere und einige sind auch hochspekulativ. Aber wirklich schlechte Finanzprodukte gibt es mittlerweile kaum noch, vielmehr gibt es für Sie passende und eher unpassende Produkte – je nachdem welchen Zweck die Anlage erfüllen soll und wie Sie persönlich mit Anlagerisiken umgehen.

In diesem Teil werden Ihnen nun die verschiedenen Instrumente und Möglichkeiten der privaten Altersvorsorge ohne staatliche Förderungen vorgestellt. Ein besonderes Augenmerk liegt dabei auf den Risiken der einzelnen Anlagen. Denn nur wenn die einzelnen Risiken bekannt sind, können Sie auch zielgerichtet damit umgehen. Leider kommt es noch viel zu oft vor, dass Anleger Finanzprodukte abschließen, deren Risiken diese überhaupt nicht kennen oder falsch einschätzen.

Das Risikoprofil – Welcher Anlegertyp sind Sie?

Jeder Privatanleger geht anders mit den finanziellen Risiken einer Geldanlage um. Es gibt Anleger, die wollen und können überhaupt keine Risiken tragen und es gibt solche, die für bessere Anlagechancen gern das eine oder andere Wagnis eingehen. Doch viele Mitbürger schätzen ihre eigene Anlagementalität falsch ein oder kennen ihren eigenen Anlegertypen gar nicht. Dies ist einer der häufigsten Gründe für falsche Anlageentscheidungen: Manche scheuen jede Art von Risiko und Unsicherheit, haben aber dennoch höchst riskante Wertpapiere, wie beispielsweise Aktien im Depot. Dagegen könnten andere auch mit höheren Risiken umgehen, doch dann liegt das gesamte Vermögen auf dem Sparbuch, obwohl deutlich bessere Anlageergebnisse möglich sind.

Im Folgenden wird die persönliche Anlegermentalität in drei Grundtypen eingeteilt. Eine solche Einteilung ist natürlich sehr grob, da im wahren Leben jeder Anleger auch seine eigenen Einstellungen und Präferenzen hat, bei einer professionellen Anlageplanung wird dies in der Praxis auch tatsächlich berücksichtigt. Doch im Rahmen dieses Buches beschränkt sich die Betrachtung auf die drei Grundtypen: Konservativ, chancenorientiert und moderat.

Konservativer Anlegertyp

Oberste Priorität für den konservativen Anlegertyp ist Sicherheit. Dieser fühlt sich bei den verschiedensten Anlagerisiken sehr unwohl und versucht diese möglichst zu vermeiden. Da der Werterhalt das wichtigste Anlageziel darstellt, ist der konservative Anlegertyp auch bereit, auf mögliche Chancen zu verzichten, solange seine Geldanlage insgesamt sicher ist.

Der Zeithorizont des konservativen Anlegers ist in der Regel eher kurz-fristig, es wird oft viel Wert darauf gelegt, dass das angelegte Vermögen relativ schnell wieder verfügbar ist.

Oft gehören ältere Personen zu dieser Anlegergruppe, zum einen, weil mit dem Alter tendenziell die Risikofreude abnimmt und zum anderen weil deren Anlagehorizont grundsätzlich eher kurz- bis mittelfristig ist.

Chancenorientierter Anlegertyp

Der chancenorientierte Anleger legt besonders viel Wert darauf, dass sich sein Vermögen möglichst gut vermehrt und attraktiv verzinst. Dafür geht dieser auch bewusst Risiken ein, sofern damit auch eine höhere Renditeerwartung verbunden ist. Doch auch der chancenorientierte Anleger geht nur diejenigen Risiken ein, die er persönlich gut einschätzen kann. Zwischenzeitliche Verluste machen den chancenorientierten Anleger nicht sofort nervös, unüberlegte Panikverkäufe aufgrund gefallener Kurse sind nur sehr selten. Dass bei riskanten Geldanlagen die Verlustphasen relativ lang ausfallen können – bis zu mehrere Jahre – ist den Angehörigen dieses Typs durchaus bewusst, deshalb werden nur diejenigen Gelder in riskante Anlagen investiert, die für einen lang-fristigen Anlagehorizont vorgesehen sind.

Der chancenorientierte Anleger ist in der Regel gut über die Finanz-märkte informiert und hat bereits genug Erfahrungen gesammelt, um die meisten Finanzprodukte zutreffend einschätzen zu können.

Der moderate Anlegertyp

Der moderate oder auch ausgewogene Anleger legt Wert auf Sicher-heit, möchte jedoch nicht auf die Chancen der Finanzmärkte verzichten. Er geht nur die Risiken ein, bei denen noch ein ausgewogenes Verhältnis aus Chancen und Risiko besteht.

Der moderate Anleger ist auch bereit, kleinere kurzfristige Verluste durchzustehen. Doch sobald diese Verluste größer werden oder die Verlustphase länger andauert, wird der moderate Anleger leicht nervös und fühlt sich unwohl mit der Anlage. Dann kann es vorkommen, dass dieser sich zu Panikverkäufen hinreißen lässt, obwohl die langfristigen Gewinnaussichten positiv sind.

Sicherheitsorientierte Anlageformen

Wenn Sie vom Anlegertyp eher dem konservativen Anleger entsprechen, dann sollten auch für Ihre Altersvorsorge keine riskanten Anlagen in Frage kommen. Es kommen vielmehr Anlagen mit einer garantierten Auszahlung und planbaren Wertzuwächsen in Frage. Dies sind insbesondere verzinsliche Bankprodukte, sichere Bundeswertpapiere und klassische Rentenversicherungen.

Sicherheit hat natürlich ihren Preis. Die Erträge orientieren sich am gegenwärtigen Zinsniveau, das derzeit historisch niedrig ist. Teilweise liegen die Renditen vieler konservativer Anlageprodukte unter der Inflationsrate, so dass sich kaufkraftbereinigt das Vermögen sogar verringern kann. Chancen auf überdurchschnittliche oder zusätzliche Erträge sind weitestgehend ausgeschlossen, denn höhere Renditen lassen sich nur durch zusätzliche Risiken erzielen – deshalb gibt sich der konservative Anleger auch mit niedrigeren Gewinnen zufrieden.

Bankprodukte

Neben dem allseits bekannten Sparbuch sind verzinsliche Bankeinlagen eine weitverbreitete Form der sicherheitsorientierten Geldanlage. Das Verlustrisiko für den Anleger ist dabei minimal: Die meisten deutschen Banken, sowie die Sparkassen und Genossenschaftsbanken gehören einem freiwilligen Einlagensicherungsfonds an, so dass dadurch Ihre Einlagen für jeden in Millionenhöhe abgesichert sind. Außerdem hat die Bundesregierung während der internationalen Finanzkrise eine Garantie für alle Bankeinlagen ausgesprochen. Für die Geldanlage geeignete Bankprodukte sind insbesondere Tagesgeldkonten und Termingelder. Diese bieten bei gleicher Sicherheit meist bessere Konditionen als ein Sparbuch.

Das Guthaben auf Tagesgeldkonten ist täglich verfügbar und dadurch sehr liquide. Dagegen sind die Zinsen für solch kurzfristige Einlagen in der Regel niedriger als für längerfristige Anlagen. Zum kurzfristigen Parken von Liquidität sind Tagesgeldkonten grundsätzlich für jeden, also auch für ausgewogene und chancenorientierte Anleger geeignet. Die Tagesgeldangebote der einzelnen Banken unterscheiden sich untereinander zum Teil enorm. Ein Vergleich der verschiedenen Angebote lohnt sich hier durchaus, dabei sollten Sie jedoch einen Blick auf das Kleingedruckte werfen. Viele beworbene Tagesgeldkonten gewähren den angepriesenen hohen Zins nur für eine bestimmte Zeit und meist auch nur, wenn Sie Neukunde sind. Lassen Sie sich nicht von Lockangeboten ködern, sondern vergleichen Sie auch die Bedingungen, die nach dem Ablauf der Sonderkonditionen gelten.

Bei Termingeldern legen Sie sich auf eine bestimmte Laufzeit fest, während dieser Sie auf den Zugriff auf die angelegten Mittel verzichten können. Im Gegenzug sind die Zinsen höher als bei den kurzfristig verfügbaren Tagesgeldern. Grundsätzlich gilt: Je länger die Laufzeit, desto höher ist auch der Zins. Wenn die Laufzeit der Termineinlage endet, dann wird entweder das Guthaben samt Zinsen ausgezahlt oder die Termineinlage verlängert sich automatisch mit den dann gültigen Zinsen. Ähnlich wie bei den Tagesgeldkonten empfiehlt es sich auch hier, die Konditionen mehrerer Banken untereinander zu vergleichen.

Banken bieten neben den Spareinlagen auch Schuldverschreibungen an. Dabei leihen Sie der Bank Geld und diese verspricht Ihnen, dieses zum Ende der Laufzeit mitsamt Zinsen zurückzuzahlen. Solche Schuldverschreibungen sind nicht von den Einlagensicherungseinrichtungen abgesichert, da diese rechtlich gesehen keine Spareinlage mehr darstellen. Im Gegenzug sind dabei die Zinsen oft höher als bei Termingeldern gleicher Laufzeit. Da Sie jedoch ein Ausfallrisiko im Falle der Insolvenz der Bank besitzen, sollten Sie vorher genau prüfen, ob und bei welcher Bank Sie eine Schuldverschreibung zeichnen.

Bundeswertpapiere

Wenn Sie Ihr Vermögen sicher anlegen möchten, kommt neben den Banken auch die Finanzagentur der Bundesrepublik Deutschland in Frage. Sie stellen die angelegten Gelder direkt dem deutschen Staat zur Verfügung, dafür erhalten Sie eine marktübliche Verzinsung. Die Anlage in Bundeswertpapiere gilt als sehr sicher: Der deutsche Staat besitzt die international höchste Kreditwürdigkeitsstufe AAA, verfügt über ausreichend Vermögen und kann aufgrund der laufenden Steuereinnahmen die Rückzahlung sicherstellen. Die Bedingungen und Konditionen von Bundeswertpapieren sind bereits auf den ersten Blick klar und verständlich und es entstehen in der Regel keine Kosten für den Erwerb oder die laufende Verwaltung der Papiere.

Es gibt insgesamt 5 verschiedene Arten von Bundeswertpapieren, die für konservative Anleger geeignet sind: Tagesanleihe, Finanzierungsschätze, Bundesschatzbriefe, Bundesobligationen und Bundesanleihen. Diese unterscheiden sich einerseits in der Laufzeit und andererseits in der Verfügbarkeit und Handelbarkeit.

Die Tagesanleihe

Die Tagesanleihe funktioniert ähnlich wie ein Tagesgeldkonto bei der Bank, mit dem Unterschied, dass die Gelder bei der Bundesfinanzagentur liegen. Der Zinssatz orientiert sich an einem Referenzzinssatz, dem sogenannten EONIA. Dieser ist der Zinssatz, zu dem sich die Banken im EURO-Raum über Nacht Geld verleihen. Die Tagesanleihe verzinst sich täglich, wobei auch der Zinssatz täglich neu ermittelt wird. Sollten die Zinssätze am Kapitalmarkt steigen, dann profitieren Sie unmittelbar, da auch die Tagesanleihe dann sofort besser verzinst wird, dagegen wirken sich fallende Zinsen auch sofort auf die Tagesanleihe aus. Da die Zinsen täglich gutgeschrieben werden, profitieren Sie vom Zinseszinseffekt, denn auch die erwirtschafteten Erträge werden ab dem nächsten Tag sofort weiter verzinst. Wenn Sie die Tagesanleihe zeichnen möchten, benötigen Sie ein Konto bei der Bundesfinanzagentur. Per Überweisung zahlen Sie ganz bequem Ihr Guthaben ein und können dieses täglich inklusive der angefallenen Zinsen wieder auf Ihr Girokonto zurücküberweisen.

Die Tagesanleihe eignet sich auch zur Anlage einer Mietkaution. Der Mieter eröffnet dazu ein Schuldbuchkonto, zahlt die nötige Summe ein und teilt der Bundesagentur mit, dass dieses Guthaben als Mietkaution gesperrt sein soll.

Finanzierungsschätze

Finanzierungsschätze haben eine Laufzeit von wahlweise einem Jahr oder zwei Jahren und können direkt bei der Finanzagentur oder bei der Hausbank erworben werden.

Finanzierungsschätze haben eine feste Laufzeit von ein oder zwei Jahren und können nicht vorzeitig gekündigt oder zurückgegeben werden und sind daher nur bedingt für die kurzfristige Geldanlage geeignet. Nach dem Ende des Anlagezeitraumes werden die Gelder automatisch auf Ihr Referenzkonto überwiesen, sofern Sie keine Wiederanlage beauftragen.

Der Mindestanlagebetrag beträgt 500 Euro. Finanzierungsschätze werden abgezinst erworben. In der Praxis bedeutet das: Sie legen fest, welchen Auszahlbetrag Sie am Ende nach einem oder zwei Jahren erhalten möchten und Sie müssen nur einen niedrigeren Betrag einzahlen – die Differenz zum vollen Nennwert ist Ihre Verzinsung. Ein Beispiel: Sie möchten bei einer zweijährigen Laufzeit 1.000€ als Endbetrag erhalten, bei einer Verzinsung von 2% müssten Sie heute nur 961,17€ zahlen – die fehlenden 38,83€ sind die Verzinsung.

Bundesschatzbriefe

Bundesschatzbriefe haben je nach Typ eine feste Laufzeit von 6 bis 7 Jahren, können aber innerhalb gewisser Grenzen jährlich zurückgegeben werden. Sie eignen sich daher für die mittel- bis langfristige Geldanlage, jedoch mit dem Vorteil, dass Sie auch vorzeitig ohne Verluste wieder aussteigen können. Bundesschatzbriefe können Sie entweder direkt bei der Finanzagentur oder auch bei der Hausbank erwerben. Bei der Finanzagentur sind Erwerb, Verwaltung und Auszahlung gebührenfrei.

Die Mindestanlagesumme beträgt 50 Euro bzw. 52 Euro bei Direkterwerb über die Finanzagentur, dadurch eignen sich Bundesschatzbriefe auch als regelmäßiger Sparplan für den Vermögensaufbau.

Die Verzinsung von Bundesschatzbriefen richtet sich nach einer sogenannten Zinstreppe. Für jedes Jahr der Laufzeit gibt es einen eigenen Zins, der stufenartig von Jahr zu Jahr ansteigt. Die Höhe der einzelnen Zinsstufen steht bereits am Anfang fest, so dass Sie dabei eine hohe Planungssicherheit haben.

Es gibt zwei verschiedene Typen des Bundesschatzbriefes: Typ A und Typ B. Bei Typ A beträgt die Laufzeit 6 Jahre und die Zinsen werden jährlich an Sie ausgezahlt. Bei Typ B liegt die Laufzeit bei 7 Jahren. Hierbei werden die Zinsen nicht ausgezahlt, sondern bleiben investiert und werden in den darauffolgenden Jahren mit verzinst. Dadurch profitieren Sie von der steigenden Verzinsung und vom Zinseszinseffekt.

Obwohl Bundesschatzbriefe eine feste Laufzeit haben, können Sie diese nach dem ersten Jahr zurückgeben. Dafür gibt es jedoch Höchstgrenzen, dies ist nur bis zu 5.000 Euro monatlich möglich. Bei einer vorzeitigen Rückgabe erleiden Sie keinen Verlust, doch aufgrund der jährlich steigenden Verzinsung entgehen Ihnen die hohen Zinssätze der letzten Jahre. Wenn die Kapitalmarktzinsen stark angestiegen sind, kann es sich unter Umständen jedoch lohnen, einen laufenden Bundesschatzbrief in einen neuen, höher verzinsten Bundesschatzbrief umzutauschen.

Bundesobligationen

Bundesobligationen haben eine Laufzeit von 5 Jahren und werden an der Börse gehandelt. Privatanleger haben auch außerhalb des Börsenhandels die Möglichkeit, Bundesobligationen direkt und kostenlos über die Finanzagentur zu beziehen, der Mindestbetrag beläuft sich auf 110 Euro.

Die Zinsen auf eine Bundesobligation sind für die gesamte Laufzeit gleich und werden jährlich ausgeschüttet. Da Bundesobligationen an der Börse gehandelt werden können, sind diese sehr liquide und können täglich verkauft werden. Dafür fallen jedoch die Verkaufsgebühren der Bank oder der Finanzagentur an. Da sich jeden Tag ein Börsenpreis für die Bundesobligation ergibt, kann es naturgemäß vorkommen, dass zwischenzeitlich auch Kursverluste möglich sind, jedoch werden Bundesobligationen am Ende der Laufzeit stets zum Nennwert zurückgezahlt. Aufgrund der maximalen Laufzeit von 5 Jahren sind jedoch Kursverluste von über 10% zwar möglich, aber eher unwahrscheinlich.

Bundesanleihen

Bundesanleihen sind von der Zielgruppe eher an Großinvestoren gerichtet, können jedoch auch von Privatpersonen erworben werden. Bundesanleihen sind börsengehandelte Wertpapiere und können auch nur an der Börse ge- und verkauft werden. Ein Erwerb über die Finanzagentur ist nicht möglich. Die Restlaufzeiten der an der Börse erhältlichen Bundesanleihen reichen von wenigen Tagen bis hin zu 30 Jahren. Bundesanleihen werden jährlich mit einem festen Zinssatz verzinst und die Rückzahlung von Bundesanleihen zum Nennwert ist zum Ende der Laufzeit garantiert. Doch da Sie die Anleihe an der Börse kaufen müssen, kann es vorkommen, dass Sie diese zu einem Preis oberhalb des Nennwertes erwerben – dadurch entsteht automatisch ein Kursverlust bis zum Ende der Laufzeit, der jedoch normalerweise von den jährlichen Zinsen wieder aufgefangen wird – zumindest wenn Sie die Anleihe bis zum Ende der Laufzeit behalten.

Je nach Laufzeit, Kaufpreis und Zinsentwicklung bieten Bundesanleihen höhere Chancen als die bisher vorgestellten Bundeswertpapiere, dagegen sind auch die kurz- und mittelfristigen Kursrisiken größer. Bundesanleihen gelten als sicher und krisenfest, jedoch nur, wenn Sie diese bis zur Fälligkeit behalten. Wenn Sie sich dabei unsicher sind, ist es ratsam, bei den normalen Bundeswertpapieren für Privatanleger zu bleiben oder sich genau über die Eigenschaften von Anleihen zu informieren.

Klassische Versicherungen

Nahezu jeder Deutsche kennt die klassische Rentenversicherung bzw. die klassische Lebensversicherung, bei der Sie einen monatlichen Beitrag oder auch einen größeren Einmalbeitrag, in die abgeschlossene Versicherung einzahlen, der von der Versicherungsgesellschaft angelegt und verzinst wird und Sie am Ende einen Kapitalbetrag oder eine lebenslange Rente erhalten.

Da die deutschen Versicherer hohe gesetzliche Kapitalanforderungen erfüllen müssen, die aufgrund der EU-Richtline Solvency II nochmals verschärft wurden, sind die Anlagen in eine klassische Versicherung sehr sicher. Die deutschen Lebensversicherer investieren sehr konservativ: Der Anteil von riskanten Anlagen wie Aktien oder Anleihen mit schlechter Bonität ist relativ gering, den größten Bestandteil der Anlagen machen festverzinsliche Wertpapiere, wie z.B. Staatsanleihen aus. Für die angelegten Versichertengelder gibt es einen gesetzlich geregelten Höchstrechnungszins, auch als Garantiezins bekannt, von derzeit 2,25%, der die gesamte Vertragslaufzeit Gültigkeit hat. Die tatsächliche Wertentwicklung liegt bei den meisten Versicherern mit bis zu 5% deutlich darüber. Bei älteren Versicherungsverträgen finden sich auch noch höhere Garantiezinssätze – Verträge, die bis zum Jahr 2000 abgeschlossen wurden, haben mitunter einen Garantiezins von 4%. Sollte im schlimmsten Fall der Lebensversicherer Insolvenz anmelden, dann führt der eigens für solche Fälle gegründete Auffangversicherer – die Protektor Lebensversicherungs-AG – die Verträge weiter. Dass dieses System auch in der Praxis funktioniert, hat sich im Falle der seit 2003 insolventen Mannheimer Lebensversicherungs-AG gezeigt.

Im Endeffekt sind die Versichertengelder dreifach abgesichert: Einerseits durch die Gewährung eines Garantiezinses durch den Höchstrechnungszins, andererseits aufgrund der konservativen Anlagepolitik der Versicherer und zu guter Letzt dank der Auffanggesellschaft Protektor, die im schlimmsten Fall einer Insolvenz einspringt.

Die Beiträge der kapitalbildenden Versicherungen bestehen in der Regel aus drei Bestandteilen:

- Risikoanteil,
- Kostenanteil
- und der Sparanteil.

Risikoanteil

Wenn zusätzlich zum reinen Sparvorgang noch Risiken abgesichert werden sollen, beispielsweise eine Todesfallleistung, dann wird ein Teil des Gesamtbeitrages dafür verwendet und steht dadurch auch nicht dem Kapitalaufbau zur Verfügung. Wie hoch der Risikoanteil ist, hängt natürlich von Art und Umfang des Risikoschutzes ab.

Kostenanteil

Jeder Versicherungsvertrag verursacht naturgemäß Kosten, die sich im Kostenanteil des Beitrages widerspiegeln. Zum einen gibt es die einmaligen Abschlusskosten, die für Angebotserstellung, Antragsprüfung und die Provision des Versicherungsvermittlers aufgewendet werden. Seit der Reform des Versicherungsvertragsgesetzes in 2008 müssen die Abschlusskosten auf die ersten 5 Jahre verteilt werden, so dass auch bei langfristigen Verträgen mit hohen Abschlusskosten bereits zu Beginn ein größerer Teil der Beiträge in den Sparanteil fließt. Weiterhin fallen noch laufende Kosten an, um die laufende Vertragsbetreuung, die Verwaltung der Kapitalanlage und den Kundenservice bereitstellen zu können. Diese laufenden Verwaltungskosten fallen jedes Jahr an und werden aus den Beiträgen und dem Vertragsguthaben getragen. Insgesamt schmälern die Kosten die Gesamtrendite einer kapitalbildenden Versicherung. Deshalb kommt es oft vor, dass in den ersten Vertragsjahren das Guthaben zunächst geringer ist als die eingezahlten Beiträge. Viele Experten und Verbraucherschutzorganisationen warnen daher vor dem unüberlegten Abschluss kapitalbildender Versicherungen. Insbesondere, wenn solche Verträge vorzeitig gekündigt oder beitragsfrei gestellt werden müssen, können Verluste für den Versicherungsnehmer entstehen, da die Kosten für die gesamte Laufzeit kalkuliert und zum Teil bereits abgezogen sind. Deshalb sollten Sie nur dann eine kapitalbildende Versicherung abschließen, wenn auch nach Abschluss der Kosten noch ein gutes Ergebnis herauskommt und Sie den Vertrag auch bis zum vereinbarten Ende durchhalten können und wollen.

Sparanteil

Nach dem Abzug von Risiko- und Kostenanteil verbleibt der Sparanteil. Dieser dient dem Kapitalaufbau und auf diesen werden auch die Überschüsse gutgeschrieben. Die Überschüsse aus solchen Versicherungen entstehen zwar überwiegend an den Kapitalmärkten, doch die Versicherten sind auch an den Gewinnen aus dem Versicherungsgeschäft und Kostengewinnen beteiligt. Die Sparanteile fließen in das Anlagevermögen des Versicherungsunternehmens und werden von diesem professionell, unter Berücksichtigung der aufsichtsrechtlichen Regelungen, investiert. Die Anlagen erfolgen größtenteils in festverzinsliche Wertpapiere und zu einem gewissen Teil in Investmentfonds, Immobilien und Aktien. Derzeit liegen die marktüblichen Überschüsse zwischen vier und fünf Prozent. Diese können jedoch von Versicherer zu Versicherer deutlich abweichen, deshalb ist es sehr zu empfehlen, mehrere Vergleichsangebote einzuholen.

Unterm Strich sind die Anlagechancen einer klassischen Lebens- oder Rentenversicherung aufgrund der vorsichtigen Anlagepolitik und den damit verbundenen Kosten durchschnittlich bis moderat. In den letzten Jahren sind die Überschüsse für die Versicherungskunden stetig gefallen, dies lag insbesondere an den fallenden Zinssätzen der globalen Finanzmärkte. Heute liegen die Überschusssätze der meisten Versicherungsgesellschaften zwischen vier und fünf Prozent vor Kosten. Für den konservativen Anleger sind kapitalbildende Versicherungen auch nach dem Abzug aller Kosten bei den derzeit niedrigen Kapitalmarktzinsen ein vergleichsweise attraktives Anlageprodukt, sofern die Überschüsse nicht weiter sinken. Der Anleger muss sich nicht persönlich um die Anlagestrategie kümmern und auch wenn sich die Versicherung total verkalkulieren sollte, dann stehen auf jeden Fall die garantierten Leistungen zur Verfügung.

Chancenorientierte Anlageformen

Der chancenorientierte Anleger möchte ein möglichst gutes Anlageergebnis erzielen. Dazu ist er auch bereit, entsprechende Risiken einzugehen und auch längere Verlustphasen durchzustehen. Doch dabei geht auch der chancenorientierte Anleger keine unüberlegten Gefahren ein, sondern bleibt bei Anlageprodukten und Risiken, die er kennt und einschätzen kann.

Grundsätzlich kommen für diesen Anlegertypen alle erhältlichen Anlageprodukte mit einem entsprechenden Chancen-Risiko-Verhältnis in Frage. Die typischen Investments für den chancenorientierten Anleger sind Aktien, Anleihen, Investmentfonds, Immobilien und Beteiligungen.

Aktien

Die Aktie ist wohl das Wertpapier, bei dem Reichtum und Ruin am nächsten beieinander liegen. In der langen Geschichte der Aktienanlage gab es einige Phasen mit enormen Kursanstiegen und satten Gewinnen aber auch verlustreiche Markteinbrüche und heftige Krisen und Aktiencrashs.

Was sind eigentlich Aktien?

Doch was versteht man eigentlich unter einer Aktie? Eine Aktie ist betriebliches Eigenkapital und bedeutet im Prinzip ein kleines Stück Eigentum an einem Unternehmen. Mit seinem Aktienanteil ist der Aktionär anteilig am Eigenkapital und an den Gewinnen und der geschäftlichen Entwicklung des Unternehmens beteiligt. Die meisten Aktien werden an einer Wertpapierbörse gehandelt und aus dem Angebot und der Nachfrage nach einer Aktie bestimmt sich der Kurs der Aktie und dadurch auch der Wert des gesamten Unternehmens.

Aufschwünge und Einbrüche an den Aktienmärkten sind keine Erscheinung des zwanzigsten Jahrhunderts, sondern sind so alt, wie die Aktie selbst. Die ersten Aktien im Sinne eines handelbaren Unternehmensanteils waren die Anteile der „Vereenigde Oostindische Compagnie" (Niederländische Ostindienkompanie) in den Niederlanden aus dem Jahre 1602. Angesichts des überragenden Erfolges dieses Unternehmens fand das Prinzip Aktie allmählich immer mehr Nachahmer und im Jahre 1720 fand bereits der erste große Aktiencrash in London statt: Ganz England war damals im Südseefieber und die Aktienkurse der „South Sea Company" und ähnlicher Unternehmen schossen in die Höhe, obwohl bei den meisten kein funktionsfähiges Geschäftskonzept dahinter stand. Kurz darauf platzte die Blase, viele Aktionäre verloren ihr gesamtes Vermögen und ganz England war darauf in eine Wirtschaftskrise geschlittert. Trotz der vielen Krisen und Einbrüche hat sich die Aktie als Instrument zur Unternehmensfinanzierung und als Anlageobjekt langfristig durchgesetzt und erfreut sich seit Jahrhunderten einer hohen Beliebtheit bei den verschiedensten Anlegern.

Chancen und Risiken von Aktien

Über lange Sicht war die Anlage in Aktien stets ein hervorragendes Geschäft gewesen: Die langfristige Aktienrendite liegt zwischen 6 und 12 Prozent und in besonderen Marktphasen auch darüber. Beispielsweise hat der Weltaktienindex MSCI World seit seiner Auflegung in 1969 durch Kursgewinne und Dividenden einen durchschnittlichen jährlichen Wertzuwachs von 9,7% verzeichnen können – das bedeutet, dass sich das Vermögen im Schnitt alle siebeneinhalb Jahre verdoppelt.

Doch auch die Risiken sind beeindruckend: Starke und langanhaltende Kurseinbrüche mit Verlusten von 20% und mehr sind keine Seltenheit und in den großen Börseneinbrüchen und Krisen der letzten Jahrzehnte wurden Anlagegelder in Milliardenhöhe verbrannt. Beispielsweise verlor der deutsche Aktienindex DAX nach dem Ende des Internetbooms von 2000 bis 2003 bis zu 73% und während der internationalen Finanzkrise von 2007 bis 2009 um knapp 55% an Wert. Sehr wahrscheinlich gibt es weit weniger Privatanleger, die mit Aktien reich geworden sind, als solche, die an den Börsen das letzte Hemd verloren haben.

Das Risiko bei Aktien lässt sich grundsätzlich in zwei Kategorien aufteilen: Das unternehmerische Risiko und das Marktrisiko.

Beim unternehmerischen Risiko besteht die Gefahr, dass das Unternehmen sich nicht gegen die Konkurrenz auf den Weltmärkten behaupten kann oder aus anderen Gründen keinen wirtschaftlichen Erfolg hat. Ein solches Unternehmen erwirtschaftet keine oder nur wenige Gewinne und es kann sehr oft vorkommen, dass es langfristig von der wirtschaftlichen Bühne verschwindet – die logische Folge: Der Wert des Unternehmens sinkt und dadurch auch der Aktienkurs.

Das Marktrisiko bedeutet, dass der Aktienkurs sich auch völlig unabhängig von den wirtschaftlichen Aussichten des Unternehmens entwickeln kann. Wenn Sie z.B. eine Aktie zu einem Kurs weit über dem eigentlichen, tatsächlichen Wert kaufen, ist die Gefahr fallender Kurse sehr hoch, auch wenn das Unternehmen gute Geschäfte macht. In den globalen Finanzmärkten steckt auch eine ganze Menge Massenpsychologie: Wenn die Stimmung an den Märkten dreht, wird fast jede Aktie wie von einem Sog mitgerissen. Ob nach oben oder nach unten hängt dann von der jeweiligen Marktphase ab.

Gerade bei Aktien zeigt sich der Zusammenhang zwischen Rendite und Risiko besonders deutlich: Möchten Sie überdurchschnittliche Renditen erhalten, dann müssen Sie auch entsprechende Risiken eingehen. Der mögliche Umkehrschluss daraus (ein höheres Risiko bedeutet eine höhere Rendite) ist jedoch oft falsch: Nicht jede Geldanlage mit einem hohen Risiko verspricht automatisch eine überdurchschnittliche Rendite.

Tipps für eine langfristig erfolgreiche Anlage in Aktien

Doch es ist durchaus möglich, trotz des hohen Risikos, langfristig an den Weltbörsen erfolgreich zu sein. Dabei sollten Sie jedoch ein paar Regeln beachten:

1. Investieren Sie nicht Ihr ganzes Vermögen in Aktien. Die Streuung des Anlagevermögens über verschiedene Anlageklassen ist die beste Möglichkeit, sich vor dem Totalverlust zu schützen. Deshalb sollte – gerade bei der Altersvorsorge – nur ein bestimmter Teil des Vermögens in Aktien investiert sein. Wenn Sie sehr breit streuen und in viele verschiedene Anlageklassen investieren, dann sind die Folgen eines Einbruches der Aktienmärkte begrenzt und können von den anderen Anlageklassen möglicherweise sogar ausgeglichen werden.

2. Spekulieren Sie nie auf Kredit. Bei der normalen Aktienanlage können Sie maximal Ihren Einsatz verlieren, was an sich schon schmerzlich genug ist. Wenn Sie jedoch Aktiengeschäfte mit Krediten finanzieren, dann verlieren Sie nicht nur Ihr eigenes Geld, sondern müssen darüber hinaus auch die Kredite weiter bedienen. Bei kreditfinanzierten beziehungsweise gehebelten Anlagegeschäften kann es außerdem vorkommen, dass bereits bei vergleichsweise geringen Verlusten das gesamte eingesetzte Kapital verloren geht.

3. Informieren Sie sich gründlich und sammeln Sie praktische Erfahrungen. Wenn Sie von den Entwicklungen an den Weltbörsen nicht überrascht werden wollen, sollten Sie sich im Vorfeld genau über Ihre Investments, die Chancen und Risiken und mögliche Szenarien informieren. Viele Internetportale bieten Musterdepots mit virtuellem Geld, aber echten Aktienkursen an, so können Sie bereits erste Erfahrungen sammeln, ohne eigenes Geld zu riskieren.

4. Haben Sie Geduld. Aktien sind eine langfristige Anlage. Deshalb sollten Sie nie Gelder investieren, die Sie in wenigen Jahren wieder benötigen. Grundsätzlich erholen sich die meisten Aktienmärkte nach einem Kursrückgang, doch das benötigt Zeit. Wenn Sie kurzfristig in Aktien investieren, dann ist die Gefahr sehr hoch, dass Sie auf dem falschen Fuß erwischt werden können.

5. Behalten Sie einen kühlen Kopf. In den Weltbörsen steckt nicht nur viel Geld, sondern auch eine Menge Psychologie. Nach einer langen Phase von Kursgewinnen sind die meisten Börsianer geradezu

euphorisch und verlieren nur allzu leicht den Blick für das Risiko. Dies war besonders gut beim Internetboom der Jahre 1999 und 2000 zu beobachten, als wirklich jeder in Aktien investieren wollte und Risiko überhaupt kein Thema war. In die entgegengesetzte Richtung schlägt die Stimmungskurve nach längeren Verlustperioden aus: Trotz günstiger Einstiegskurse traut sich dann niemand mehr, Aktien zu kaufen, selbst wenn die Kurse bereits anfangen wieder zu steigen. Lassen Sie sich nicht von der Marktstimmung anstecken und bleiben Sie bei Ihrer Anlagestrategie.

6. Setzen Sie nicht alles auf eine Karte. Wenn Sie nur in wenige einzelne Aktien investieren oder Ihre Anlage auf einige wenige Branchen und Länder konzentrieren, dann sind Sie sehr einseitig von der Entwicklung dieser Einzeltitel abhängig. Das erhöht zwar die Chancen, wenn Sie den richtigen Riecher oder einfach nur Glück haben – jedoch steigen auch die Verluste, wenn Sie mit der Anlageentscheidung danebenliegen. Wenn Sie Ihre Aktienanlage weltweit und über mehrere Branchen streuen, sinkt in der Regel das Risiko, da Sie nicht mehr von der Entwicklung einiger weniger Titel abhängig sind und sich extreme Kursbewegungen bei einzelnen Werten insgesamt besser ausgleichen, wenn die Anlageaufteilung breit gestreut ist.

Mit Aktienanlagen lassen sich langfristig sehr hohe Gewinne erzielen, doch sind diese nur für solche Anleger geeignet, welche die finanziellen Folgen eines Aktieninvestments genau einschätzen und das dazugehörige Risiko auch tatsächlich tragen können.

Anleihen

Anleihen sind in erster Linie Schulden. Der Herausgeber eine Anleihe, der Emittent, sammelt mit der Anleihe Kapital auf den Finanzmärkten ein und verspricht, darauf Zinsen zu zahlen und das Kapital am Ende der Laufzeit zurückzuzahlen. Die Bandbreite bei Anleihen reicht von den vergleichsweise sicheren und krisenfesten Bundesanleihen bis hin zu hoch spekulativen Ramschanleihen in verschiedenen Währungen.

Die meisten Anleihen sind von Typ her festverzinsliche Wertpapiere. Ein weitverbreiteter Irrtum dabei ist, dass viele Anleger denken, dass die Besitzer von Anleihen auch von steigenden Zinsen profitieren. Doch genau das Gegenteil ist der Fall: Wenn die Zinsen steigen, dann fallen die Kurse der meisten bereits am Markt befindlichen Anleihen. Eine typische Anleihe hat genau einen maßgeblichen Zins „X", der zum Zeitpunkt der Anleihenausgabe festgelegt wurde. Wenn die Marktverzinsung allgemein steigt, dann macht es finanziell keinen Sinn mehr, diese Anleihe mit dem nun niedrigeren Zins „X" zum vollen Preis zu kaufen. Die Folge: Der Anleihenkurs fällt solange, bis die Gesamtrendite aus Zins plus Kursgewinnen wieder dem aktuellen Marktzins entspricht. Wenn die Zinsen fallen, dann steigen entsprechend die Anleihenkurse.

Die verschiedenen Schuldner unterscheiden sich unter anderem in deren Finanzstärke. Je weniger finanzkräftig ein Anleihenemittent ist, desto mehr Zinsen muss dieser bieten, damit die Anleger seine Anleihen kaufen. Dagegen ist bei diesen auch das Risiko höher, dass die Anleger Ihr Geld nicht wiedersehen, weil der Emittent möglicherweise zahlungsunfähig geworden ist. Staatsanleihen der großen Industrieländer haben in der Regel eine hohe Bonität, da diese aufgrund des relativ sicheren Steueraufkommens die Anleihen sehr wahrscheinlich zurückzahlen können und bieten deshalb auch nur durchschnittliche Renditen. Je weniger solide die Staatsfinanzen, desto geringer fällt die Bonität der Staatsanleihen aus und desto höhere Zinsen muss der Staat bieten, um seine Schulden zu finanzieren. Beispielsweise bietet derzeit Italien mit 4,7% für zehnjährige Anleihen 1,5 Prozentpunkte mehr als die Bundesrepublik Deutschland (3,2%) und die Türkei mit 5,3% sogar einen Renditeaufschlag von 2,1 Prozentpunkten. Um die Finanzkraft – beziehungsweise Bonität – von Anleihenemittenten einschätzen zu können, gibt es Ratings: Spezialisierte Bewertungsinstitute analysieren die Bonität, also die Zahlungsfähigkeit des Emittenten, so dass der Anleger auf einen Blick sehen kann, wie riskant eine Anleihe erwartungsgemäß ist.

Höhere Chancen bieten Unternehmensanleihen und Staatsanleihen aus Schwellen- und Entwicklungsländern. Zum Teil sind die Zinsen und Renditen mehrere Prozentpunkte höher, dagegen ist es auch weniger gewiss, ob der Emittent die Anleihe bei Fälligkeit auch wirklich zurückzahlen kann. Wenn die Anleihe nicht in Euro, sondern in anderen Währungen aufgelegt ist, kommen zusätzlich noch Wechselkurseffekte hinzu. Je nachdem, wie sich die internationalen Währungen zueinander entwickeln, profitieren Sie von zusätzlichen Währungsgewinnen oder aber die Währungseffekte schmälern die Rendite und sorgen für Verluste.

Der internationale Anleihenmarkt hat eine Größe von mehreren tausend Emittenten und vielen Milliarden Euro, daher sollte sich in der Praxis für jeden Anlagezweck und jede Risikoneigung eine passende Anleihe finden lassen.

Neben den normalen Anleihen mit einer jährlichen Zins- bzw. Kuponzahlung gibt es auch noch weitere Arten und Formen von Anleihen, die deren Einsatzmöglichkeiten zusätzlich erweitern: Bei Nullkuponanleihen bzw. Zerobonds werden die Zinsen nicht jährlich ausgezahlt, vielmehr erwerben Sie die Anleihe mit einem Abschlag und sie wird am Ende der Laufzeit zum Nennwert zurückgezahlt. Weiterhin gibt es inflationsgeschützte Anleihen, bei denen sich der Zinssatz an der aktuellen Inflationsrate orientiert und Anleihen mit variablen Zinsen, die jedes Jahr anhand der aktuellen Kapitalmarktzinsen neu festgelegt werden. Außerdem gibt es eine Vielfalt relativ exotischer Anleihen, die verschiedene Umtauschrechte in Aktien beinhalten können oder mit Immobilien oder anderen Sachwerten besichert sein können.

Die eigenverantwortliche Verwaltung eines Anleihendepots benötigt ein gewisses Mindestmaß an Erfahrung und Fachwissen und kann schnell sehr kompliziert und aufwendig werden. Daher sind Direktanlagen in Anleihen eher für fortgeschrittene Investoren geeignet. Für den durchschnittlichen Privatanleger ist es meist sinnvoller, in entsprechende Rentenfonds zu investieren.

Investmentfonds

Die direkte Anlage in Aktien oder Anleihen ist eher für Finanzprofis und Großanleger geeignet, da neben dem nötigen Know-how auch große Geldsummen benötigt werden, um für die nötige Streuung zu sorgen.

Mit Investmentfonds kann jedoch auch der Privatanleger mit vergleichsweise geringen Summen eine professionelle und breit gestreute Geldanlage auf die Beine stellen. Die Anbieter der Investmentfonds sammeln dabei die Anlegergelder für den jeweiligen Fonds ein und verwalten diese als ein einziges gemeinsames Anlagevermögen. Laut der Statistik des Branchenverbandes BVI beträgt das durchschnittliche Fondsvolumen eines einzelnen Investmentfonds 106 Mio. Euro. Dank der Bündelung der einzelnen Sparbeträge in einem großen Fonds können Privatanleger mittels eines Investmentfonds auch mit relativ kleinen Summen wie ein Profianleger investieren.

Was sind Investmentfonds

Doch was genau ist überhaupt ein Investmentfonds? Ein Investment-fonds ist vom Prinzip her ein Zusammenschluss vieler Anleger, deren Gelder als ein einziges großes Investmentvermögen gemeinsam verwaltet werden. Am verständlichsten werden Fonds, wenn geschaut wird, was mit den Anlegergeldern geschieht: Investmentfonds sammeln Gelder vieler einzelner Anleger ein. Das können kleinere oder größere Einmalbeiträge sein oder auch monatliche Sparpläne. Dank der vielen eingesammelten Gelder sammelt sich ein großes, meist mehrere Millionen Euro umfassen-des Fondsvermögen an, woran jeder Anleger mit seinem Anteil beteiligt ist. Dieses Fondsvermögen wird von speziellen Anlageexperten, den Fondsmanagern, professionell verwaltet. Dazu hat jeder Investmentfonds eine eigene Anlagestrategie, die im jeweiligen Verkaufsprospekt detailliert beschrieben ist.

Investmentfonds werden von sogenannten Kapitalanlagegesellschaften ausgegeben und sind Sondervermögen. Das bedeutet, dass das Vermögen der einzelnen Investmentfonds getrennt vom Vermögen der Kapitalanlagegesellschaft verwaltet werden muss und die investierten Mittel bei einer Insolvenz der Fondsgesellschaft geschützt sind.

Grundsätzlich können Investmentfonds börsentäglich gehandelt werden. Dazu veröffentlichen die Fondsgesellschaften einen täglichen Anteilspreis, zu dem der jeweilige Fonds erworben oder zurückgegeben werden kann. Wenn jedoch in Ausnahmefällen die Liquidität eines Fonds durch zu viele Verkäufe gefährdet ist, darf der Fonds für bis zu 2 Jahre geschlossen werden. Dies ist seit 2009 insbesondere bei offenen Immobilienfonds aufgetreten. Wenn der Fonds an einer Wertpapierbörse gelistet ist, kann dieser auch dort ge- und verkauft werden. Jedoch orientieren sich die Kurse dort an Angebot und Nachfrage, so dass die Kurse zum Teil sehr deutlich vom offiziellen Fondskurs abweichen können.

In Deutschland sind mehr als 10.000 Investmentfonds für den Vertrieb zugelassen. Die Bandbreite der verschiedenen Anlagestile ist dabei so groß, dass sich heutzutage beinahe jede Anlagestrategie mit Investmentfonds verwirklichen lässt. Sie als Anleger bestimmen selbst durch die Wahl der richtigen Investmentfonds, wie riskant Ihre Anlage sein soll und in welche Anlageklassen Sie investieren möchten. Durch eine geschickte Kombination der verschiedenen angebotenen Fonds können Sie sich ein maßgeschneidertes Fondsportfolio aufbauen, das sich individuell an Ihren Anlagewünschen ausrichtet.

<u>Die Qual der Wahl – die verschiedenen Anlageklassen</u>

In den Medien wird oft sehr einseitig dargestellt, dass die Anlage in Investmentfonds riskant und nur etwas für risikofreudige Naturen sei. Vielmehr ist es jedoch so, dass es zwar eine Vielzahl riskanter und zum Teil auch hochspekulativer Investmentfonds gibt, die in Aktien und andere riskante Werte investieren. Doch es gibt ebenso eine riesige Auswahl an sicherheitsorientierten Investmentfonds, die ausschließlich in sichere Staatsanleihen höchster Bonität investieren und natürlich gibt es auch nahezu alle denkbaren Abstufungen zwischen den beiden Risikoextremen. Sie, als Anleger, legen selbst fest, welches Risiko und welche Chancen eine Investmentfondsanlage aufweisen soll, indem Sie die passende Wahl aus den verschiedenen Anlageklassen treffen.

- Geldmarktfonds: Geldmarktfonds sind die sicherste Art der Investmentfonds. Diese investieren in Anleihen solider Schuldner mit kurzen Restlaufzeiten. Die Renditechancen sind entsprechend gering, dagegen sind Kursverluste sehr selten.

- Rentenfonds: Rentenfonds investieren in die verschiedensten Anleihen. Je nach Fondsschwerpunkt können das unter anderem Staatsanleihen, Unternehmensanleihen, Wandelanleihen und Genussscheine, Inflationsanleihen und Hochzinsanleihen mit Schwerpunkt auf einzelnen Ländern, Regionen oder auch der ganzen Welt sein. Außerdem können Sie zwischen Fonds wählen, die den Fokus auf Anleihen mit kurz-, mittel- oder langfristigen Laufzeiten haben.
  Die Verwaltung eines Depots aus einzelnen Anleihen benötigt eine gewisse Erfahrung und Fachkompetenz und kann zum Teil sehr aufwendig werden. Die Anlage in Rentenfonds ist dagegen viel einfacher, da Ihnen die Fondsgesellschaft alle Verwaltungsaufgaben abnimmt.

- Aktienfonds: Etwa die Hälfte aller aufgelegten Investmentfonds sind Aktienfonds. Es gibt Aktienfonds, deren Anlageuniversum alle handelbaren Aktien auf der ganzen Welt oder in einer Großregion, wie Europa oder Asien umfasst. Mit bereits einem solchen Fonds verfügen Sie schon mit geringen Einsätzen über eine breit gestreute Aktienanlage. Doch Sie können auch gezielt auf einzelne Märkte setzen, denn für nahezu jeden Aktienmarkt auf der Welt gibt es in der Regel auch mindestens einen spezialisierten Aktienfonds. Ganz gleich, ob der Fokus auf bestimmten Branchen, Regionen, Handelsstrategien oder ganz speziellen Anlagethemen liegen soll, meist findet sich ein passender Aktienfonds dazu.
  Aktienfonds weisen oft ein geringeres Risiko auf als die Direktanlage in vergleichbare Einzelaktien, da aufgrund der Größe des Fonds das Anlagevermögen sehr breit über verschiedene Einzeltitel, Regionen,

Branchen und Währungen gestreut werden kann. Doch auch mit Aktienfonds ist und bleibt die Geldanlage in Aktien riskant und Sie sollten daher auch bei Aktienfonds nie den Blick für die Gefahren verlieren und die Tipps aus dem Abschnitt zur Aktienanlage berücksichtigen.

- Mischfonds: Diese Fonds investieren sowohl in Aktien als auch in Rentenpapiere. Die dahinterliegende Idee ist, dass in Kursauf-schwüngen vermehrt in Aktien investiert wird und in Zeiten fallender Aktienkurse das Fondsvermögen zunehmend in sichere Anleihen umgeschichtet werden soll. Der Erfolg eines solchen Fonds hängt wesentlich von den Fähigkeiten und dem Timing des Fondsmanage-ments ab.

- Immobilienfonds: Offene Immobilienfonds investieren in mehrere verschiedene Großimmobilien. Zielobjekte sind vor allem größere Gewerbeimmobilien wie Bürogebäude, Einkaufszentren oder Hotels. Da Immobilien als Anlageklasse an sich eher illiquide sind, offene Immobilienfonds jedoch täglich ausgegeben oder zurückgegeben werden können, besteht hier die Gefahr, dass die Fondsgesellschaft möglicherweise nicht alle ausstiegswilligen Anleger auszahlen kann und der Fonds geschlossen werden muss. Im Zusammenhang mit der US-Immobilienkrise und einer verschärften Regulierung ist dieser Fall in 2009 tatsächlich eingetreten. In der Folge wurde eine große Zahl an offenen Immobilienfonds geschlossen und einige wenige müssen sogar komplett abgewickelt werden.

Im April 2011 wurden die gesetzlichen Regelungen für offene Immo-bilienfonds reformiert: Anteile an offenen Immobilienfonds können erst nach einer 24-monatigen Haltezeit mit einer Frist von 12 Monaten zurückgegeben werden. Anteilrückgaben unter 30.000 Euro pro Halb-jahr sind jedoch wie bisher möglich, sofern der Fonds nicht geschlos-sen ist. Ob diese Maßnahmen genügen, um die Liquiditätsproblematik der offenen Immobilienfonds zu lösen und das Vertrauen der Anleger zurückzugewinnen, muss jedoch erst in der Praxis bestätigt werden.

- Dachfonds: Dachfonds bieten die Möglichkeit, eine vollwertige, über viele Vermögensklassen gestreute Geldanlage mit nur einem einzigen Fonds zu erwerben. Dachfonds sind Investmentfonds, die in andere Investmentfonds investieren und aus dem großen Anlageuniversum ein professionelles, breit gestreutes Fondsportfolio zusammenstellen. Der Fondsmanager kümmert sich aktiv um die Zusammensetzung des Dachfonds und schichtet je nach Anlagestrategie und Marktlage das Fondsguthaben zielgerichtet um. Dachfonds können sehr hohe Kosten ausweisen, da nicht nur für den Dachfonds selbst, sondern auch für die Zielfonds Verwaltungskosten anfallen. Je nach Fondsgesellschaft kann die Auswahl an Zielfonds eingeschränkt sein, weil der Dachfonds nur in hauseigene Fonds investiert.

- Hedgefonds: Hedgefonds haben deutlich weniger Anlagebeschränkungen als alle anderen Fonds. Beispielsweise können diese auch auf fallende Kurse setzen, Wertpapiere auf Kredit kaufen oder versuchen, aus den kleinsten Kursbewegungen bereits Gewinne zu erwirtschaften. Die Handelsstrategien der Hedgefonds sind zum Teil sehr kompliziert und äußerst riskant, dagegen sind auch die Chancen entsprechend höher. Hedgefonds sind daher nur etwas für erfahrene Anleger. Deshalb sind in Deutschland ohne Weiteres lediglich Dach-Hedgefonds frei erhältlich, die gleichzeitig in mehrere verschiedene Hedgefonds investieren. Der Anlageerfolg eines Hedgefonds ist sehr stark von den Fähigkeiten des Managers abhängig, besonders erfolgreiche Hedgefondsmanager besitzen in der Branche sogar einen regelrechten Starappeal.

- Garantiefonds: Garantiefonds erfreuen sich wachsender Beliebtheit, versprechen sie doch eine hohe Sicherheit bei einer gleichzeitigen Nutzung der Chancen an den Kapitalmärkten. Jedoch gibt es keine Garantie umsonst: Im Prinzip funktionieren Garantiefonds so, dass ein Teil des Fondsguthabens in sichere festverzinsliche Anlagen investiert sind – diese sorgen für die Garantie – und lediglich der verbleibende Rest in chancenreiche Aktien angelegt wird. Außerdem werden

Garantien oft nur für bestimmte Zeitpunkte ausgesprochen, so dass zwischenzeitliche Kursverluste trotz Garantie möglich sind. Der Funktionsweise von Garantiesystemen wird im weiteren Verlauf ein eigener Abschnitt gewidmet.

- Exotische Fonds: Die Finanzbranche unterliegt einem ständigen Wandel und ist auch im Privatanlegerbereich sehr innovativ. Unter den frei verkäuflichen Investmentfonds finden sich einige Fonds, mit denen dem Privatanleger Möglichkeiten offen stehen, die bisher nur Profianlegern vorbehalten waren. Insbesondere bei den immer mehr in Mode kommenden Indexfonds finden sich regelrechte Spezialitäten: Unter anderem gibt es Fonds, mit denen können Privatanleger auf fallende Kurse bei Aktien und Anleihen setzen, mit gehebelten Fonds die Chancen, aber auch die Risiken am Aktienmarkt verdoppeln und in spezielle Optionsstrategien investieren.

Unterm Strich kann man festhalten: Die Anlagemöglichkeiten mit Investmentfonds sind riesig. Beinahe jede Anlagestrategie lässt sich mit diesen Anlageprodukten verwirklichen. Chancenorientierte Anleger setzen vermehrt auf Aktienfonds, konservative Anleger bevorzugen Geldmarkt-, Renten- und möglicherweise noch Immobilienfonds.

Aktive vs. passive Fonds

Viele Jahrzehnte lang lag die Ausrichtung der meisten Investmentfonds darauf, dass der Fondsmanager durch sein Wissen und seine Erfahrung die richtigen Investments auswählt und im besten Fall nicht nur die Konkurrenz hinter sich lässt, sondern auch besser als der Gesamtmarkt abschneidet. Die Praxis hat gezeigt, dass es viele Investmentfonds gab und auch heute noch gibt, die tatsächlich hervorragende Ergebnisse verzeichnen konnten – auch über mehrere Jahre hinweg. Doch es gab auch mindestens genauso viele, die nur unterdurchschnittliche Leistungen gezeigt haben. Als Maßstab für die Beurteilung von Investmentfonds haben sich die sogenannten Indizes bewährt. Ein Index ist eine repräsentative Auswahl an Einzeltiteln aus einem bestimmten Teil des Kapitalmarkts. Der deutsche Aktienindex DAX beinhaltet beispielsweise die 30 größten und umsatzstärksten deutschen Aktien. Das Dilemma für den Anleger liegt vor allem darin: Welche Fonds zu den besten gehört haben und den jeweiligen Vergleichsindex übertreffen konnten und welche eher schlecht gelaufen sind, weiß man immer erst hinterher. Doch ein gutes Anlageergebnis in der Vergangenheit ist keine Garantie dafür, dass dies auch in Zukunft so bleiben wird. In der Praxis ist die Auswahl des richtigen Fonds eine regelrechte Lotterie: Sie können genau den richtigen Fonds ausgewählt haben und freuen sich dann über die zusätzlichen Gewinne. Es kann aber auch genauso gut vorkommen, dass Sie einen Fonds wählen, der deutlich hinter dem Durchschnitt zurückbleibt.

Es gibt eine Vielzahl wissenschaftlicher Studien, die sich seit den sechziger Jahren mit Investmentfonds beschäftigen und auf der Suche nach einer Antwort sind, ob aktive Fonds systematisch in der Lage sind, den jeweiligen Vergleichsindex zu schlagen. Insgesamt deuten die Ergebnisse darauf hin, dass der durchschnittliche Fondsmanager den Markt schlagen kann, die Bandbreite der Überrendite liegt zwischen null und 1,3 Prozentpunkte pro Jahr – vor Abzug der Kosten. Jedoch kommen Sie als Privatanleger normalerweise nicht in den Genuss dieser Überrendite, da solche Fonds hohe Kosten aufweisen. Die durchschnittlichen Kosten für das Management eines aktiven Aktienfonds betrugen jährlich 1,81% nach Angaben des Fondsanalysehauses FWW für 2007. Die Transaktionskosten für den Kauf und Verkauf von Wertpapieren sind dabei noch nicht einmal berücksichtigt. Im Schnitt wird also die gesamte Überrendite, die das Fondsmanagement erwirtschaftet hat, von den hohen Kosten wieder aufgezehrt. Unterm Strich schneiden aktive Investmentfonds dadurch um 0,6% bis 1% pro Jahr schlechter ab als der jeweilige Vergleichsmaßstab.

Da es im Voraus sehr schwierig, wenn nicht sogar unmöglich ist, den richtigen Fonds auszuwählen und sich der durchschnittliche Fonds aufgrund der hohen Kosten im Schnitt schlechter als der Vergleichsindex entwickelt, stellt sich berechtigterweise die Frage: Warum dann nicht einfach die goldene Mitte nehmen und in den Index investieren? In den USA ist das bereits seit Jahrzehnten möglich und seit einigen Jahren werden auch hierzulande die sogenannten Indexfonds immer beliebter.

Indexfonds bezeichnet man als passive Investments, da diese auf ein teures Management und unnötige Transaktionen verzichten und lediglich einen Index möglichst genau nachbilden. Die Kosten passiver Indexfonds sind minimal und liegen in der Regel unter 0,5% jährlich, die günstigsten Indexfonds auf Anleihenbasis haben sogar eine jährliche Verwaltungsgebühr von nur 0,05%. Seit einigen Jahren erfreuen sich diese Fonds zunehmender Beliebtheit, im Juni 2011 sind nach Angaben des Analysehauses Scope 789 Indexfonds auf insgesamt 361 verschiedene Indizes zum Handel zugelassen. Für nahezu jeden einzelnen Finanzmarkt auf der Welt gibt es mittlerweile einen passenden Indexfonds und es kommen laufend neue hinzu.

Ein großer Vorteil neben den geringen Kosten ist die Transparenz: Da die Indizes und auch deren genaue Zusammensetzung von den jeweiligen Indexanbietern regelmäßig veröffentlicht werden, können Sie stets nachvollziehen, in welchen Ländern, Regionen, Branchen und Einzeltiteln Ihr Geld investiert ist.

Da diese Fonds lediglich den Index abbilden, sind außerordentliche Gewinne natürlich nicht möglich. Dafür müssen Sie auch nicht fürchten, dass Sie deutlich schlechter abschneiden könnten als der Durchschnitt. In bestimmten Fällen ist es auch schon vorgekommen, dass ein Indexfonds seinen eigenen Index geschlagen hatte: Die Wertpapiere im Fonds wurden dabei kurzfristig an Großinvestoren verliehen, wofür der Indexfonds Zinsen erhält. Durch diese Zusatzeinnahmen konnten manche Indexfonds den zugrundeliegenden Index minimal übertreffen.

Wenn Sie sich einen Indexfonds ins Depot legen, heißt das jedoch nicht immer, dass Sie damit wirklich die Anteile an den einzelnen Wertpapieren besitzen, aus denen der Index besteht. Denn es gibt verschiedene Varianten, wie ein Indexfonds dafür sorgt, dass das

Anlageergebnis möglichst nah am Index liegt. Die erste und auch naheliegendste Möglichkeit ist es, einfach alle Wertpapiere des Index im entsprechenden Verhältnis zu kaufen. Dies kann insbesondere bei großen Indizes mit vielen Einzeltiteln sehr aufwendig werden. Für diesen Fall erwerben einige Indexfonds nicht alle Wertpapiere des Index, sondern nur die größten und wichtigsten, so dass dennoch kaum ein Unterschied zur vollständigen Nachbildung besteht.

Doch es gibt auch Indizes in die gar nicht direkt investiert werden kann, für die aber dennoch Indexfonds angeboten werden. Damit das funktionieren kann, muss im Fonds ein Tauschgeschäft stattfinden – Swap genannt. Dazu kauft der Fonds irgendwelche Wertpapiere und vereinbart in der Regel mit einer großen Investmentbank, dass die Wertentwicklung der Papiere im Fonds mit dem zugrundeliegenden Index getauscht wird. Auch wenn dies auf den ersten Blick kompliziert klingt, ist das ein gängiges und funktionierendes System, wie ein Index nachgebildet werden kann. Deshalb kann es durchaus vorkommen, dass ein Indexfonds für einen deutschen Aktienindex gar nicht in diese Aktien, sondern beispielsweise in japanische oder schweizer Titel investiert – dank des Tauschgeschäftes verhält sich dieser Fonds dennoch wie der richtige Index. Dieses Verfahren wird oft auch bei Indizes mit vielen Einzelwerten genutzt, bei denen eine echte Nachbildung von den Transaktionskosten her zu teuer geworden wäre.

Ob nun die Anlage in aktiv gemanagte Investmentfonds oder in passive Indexfonds mehr Sinn macht, ist oft mehr eine Glaubensfrage, als eine finanzielle Anlageentscheidung. Beide Varianten haben Ihre Vor- und Nachteile: Bei aktiven Fonds zehren die Kosten an den Gewinnen, dafür findet eine echte Anlageauswahl durch das Fondsmanagement statt und Sie haben die Chance, besser als der Markt abzuschneiden. Dagegen können aktive Fonds auch deutlich schlechter als der Vergleichsindex abschneiden. Bei Indexfonds ist die Kostenbelastung sehr niedrig und das Anlageergebnis weicht nur gering vom zugrundeliegenden Index ab. Im

Rahmen einer durchdachten Anlagestrategie können beide Varianten einen Beitrag leisten und bei Bedarf natürlich auch kombiniert werden.

Fondsanlage im Depot vs. fondsgebundene Versicherungen

Die klassische Variante in Fonds zu investieren ist, dass Sie bei einer Bank ein Depot einrichten und damit Ihre Fonds erwerben, verwahren und wieder veräußern können. Dabei können Sie die Fonds in der Regel als Einmalanlage ab einem bestimmten Mindestwert erwerben(je nach Bank meist 500-1000Euro) oder mit einem regelmäßigen Sparplan (je nach Bank und Fonds ab 25-100Euro monatlich). Dabei fallen bei jeder Transaktion Kosten an: Aktive Investmentfonds verlangen beim Kauf oft einen Ausgabeaufschlag von bis zu 5% auf den Fondspreis, Verkäufe dagegen sind meist kostenfrei und bei Erwerb und Verkauf von Indexfonds fallen Gebühren für den Börsenhandel an. Je nach Anlagestrategie kann das sehr teuer werden: Wenn Ihre Anlagestrategie darauf basiert, die Fonds einmalig zu kaufen und dann langfristig zu halten, dann haben Sie keine zusätzlichen Kostenbelastungen zu fürchten. Wenn Ihre Anlagestrategie jedoch auf regelmäßigen Anpassungen des Fondsguthabens und relativ häufiges Kaufen und Verkaufen von Fonds ausgerichtet ist, dann können sich diese Kosten zu einem stattlichen Betrag summieren. Außerdem unterliegen die Gewinne aus Ausschüttungen und Fondsverkäufen der Abgeltungssteuer, die in der Regel sofort von der Bank abgeführt wird, sofern die Erträge einen evtl. eingerichteten Freistellungsauftrag von maximal 801€ überschreiten.

Wenn Sie ein Fondssparer sind, der das Fondsdepot regelmäßig umschichtet, dann kommt möglicherweise eine Alternative in Betracht: Eine fondsgebundene Versicherung. Eine fondsgebundene Versicherung funktioniert im Prinzip wie jede kapitalbildende Versicherung mit der Besonderheit, dass der Sparanteil der Beiträge in Investmentfonds fließt. Viele fondsgebundene Versicherungen haben eine große Auswahl an Investmentfonds, die sehr oft auch ohne Ausgabeaufschläge bespart werden können. Mittlerweile werden auch die ersten Produkte mit

Indexfonds angeboten. Bei den meisten Versicherungen kann zudem das Fondsguthaben mehrmals im Jahr kostenfrei umgeschichtet werden. Dadurch sparen Sie sich die Transaktionskosten. Außerdem haben Sie einen konkreten steuerlichen Vorteil: Auf die angefallenen Gewinne wird keine Abgeltungssteuer fällig, sondern der Gewinn wird erst am Ende der Laufzeit besteuert. Wenn die Auszahlung nach dem 60. Geburtstag erfolgt und der Vertrag mindestens 12 Jahre besteht, muss nur die Hälfte des Gewinns versteuert werden. Die Beträge, die sonst das Finanzamt bekommen würde, bleiben in der fondsgebundenen Versicherung investiert und können sich weiter vermehren, so kommt durch den Zinseszins ein stattlicher Betrag zusammen. Ein weiterer praktischer Vorteil fondsgebundener Versicherungen ist die relativ einfache Verwaltung der Anlage: Ein formloser Brief oder ein Fax mit den gewünschten Käufen und Verkäufen genügt und die Versicherung sorgt für die Umsetzung.

Der Nachteil bei fondsgebundenen Versicherungen liegt insbesondere in den teilweise hohen Kosten des Versicherungsvertrags. Zum einen fallen einmalige Abschlusskosten an, die in den ersten Jahren von den Beiträgen abgezogen werden. Zum anderen entstehen jährliche Verwaltungskosten, die aus dem Fondsvermögen bezahlt werden müssen. Insgesamt kann leider nicht allgemeingültig festgehalten werden, welche die beste Variante ist. Vielmehr müsste anhand der Anlagestrategie, dem Steuersatz und einem konkreten Versicherungsangebot verglichen werden, womit Sie am besten abschneiden.

Immobilien

Die eigene Immobilie ist ein Klassiker bei der privaten Altersvorsorge. Ganz gleich, ob Sie diese selbst bewohnen und dadurch mietfrei wohnen oder aber Ihre Immobilie als Anlage sehen und von den Mieterträgen ein Zusatzeinkommen erhalten, kann eine Immobilie ein sinnvoller Baustein der privaten Altersvorsorge sein.

Obwohl Immobilien als solide und sicher gelten und es sehr viele Immobilieneigentümer in Deutschland gibt, können diese zum Teil hohe

Risiken aufweisen, die gerne unterschätzt werden. Insbesondere Immobilien, für die hohe Schulden aufgenommen wurden, können unerwartet zum persönlichen Bankrott führen. Deshalb ist die Anlageklasse grundsätzlich zwar auch für konservative Anleger geeignet, aber nur wenn diese sich mit der nötigen Expertise und nur wenig Fremdkapital den Traum vom eigenen Heim erfüllen. Viel zu oft sind die Eigentümer eines Hauses oder einer Eigentumswohnung bis zur Schmerzgrenze verschuldet. Wenn dann ein Problem an der Immobilie auftritt oder die finanzielle Situation sich verschlechtert, kann das schnell die wirtschaftliche Existenz bedrohen. Statistisch gesehen sind 4,1% aller Verbraucherinsolvenzen direkt auf eine gescheiterte Immobilienfinanzierung zurückzuführen, immerhin sind das jedes Jahr etwa 4500 bis 5000 Fälle. Aufgrund der hohen Risiken ist die in Deutschland übliche Geldanlage in Immobilien mit Hilfe von Krediten eher für den chancenorientierten und moderaten, als für den konservativen Anleger geeignet. Nichtsdestotrotz waren, sind und bleiben Immobilien ein sehr wichtiger Aspekt bei der privaten Altersvorsorge, dem im weiteren Verlauf des Buches noch ein eigener Abschnitt gewidmet wird.

Beteiligungen

Mit Beteiligungen, auch unter dem Namen geschlossene Fonds bekannt, können Sie in die verschiedensten Projekte investieren. Dies funktioniert in der Regel so, dass Sie sich als Kommanditist an einer GmbH & Co. KG beteiligen, welche ein bestimmtes Investitionsprojekt durchführt. Es gibt aber auch andere Modelle. Die häufigsten Investitionsobjekte sind Immobilien, Schiffe, Flugzeuge, Windkraft- und Solaranlagen und weitere Unternehmensbeteiligungen (private Equity).

Geschlossene Fonds bieten die Möglichkeit, mit begrenztem Kapitaleinsatz in exotische Anlageformen zu investieren, die dem normalen Privatanleger an sich nicht möglich sind. Dabei ist jeder geschlossene Fonds ein Unikat hat seinen eigenen Ansatz und daher auch seine eigenen Chancen und Risiken. Für jeden geschlossenen Fonds wird ein umfangreicher Verkaufsprospekt veröffentlicht, in dem das wirtschaftliche Konzept und alle Risiken dargestellt sind, außerdem finden sich dort Prognoserechnungen zur geplanten Entwicklung des Fonds. Der Verkaufsprospekt ist das zentrale Dokument für die Investition in einen geschlossenen Fonds und oft die einzige Informationsgrundlage. Deshalb sollten Sie sich diesen vor einer Beteiligung sehr gründlich durchlesen.

Geschlossene Fonds sind in der Regel Unternehmensanteile. Wenn Sie eine solche Beteiligung erwerben, kann dies sehr weitreichende Folgen haben, deren Sie sich bewusst sein sollten. Dies beginnt bei der Steuererklärung, bei der, je nach steuerlichem Konzept, unterschiedliche Belange zu berücksichtigen sind. Sehr wichtig ist aber vor allem die Haftung des Anlegers: Da Sie Miteigentümer des Unternehmens sind, haften Sie natürlich auch für dessen Verbindlichkeiten, insbesondere im Falle einer Pleite. Üblicherweise ist Ihre Haftung auf die gezahlte Einlage begrenzt, doch das ist nicht bei jeder Beteiligung der Fall. Das hängt von den einzelnen Bedingungen und der Rechtsform der Beteiligung ab. Es kann vereinzelt sogar vorkommen, dass einmal erhaltene Ausschüttungen wieder zurückgefordert werden können. Im Zweifelsfall sollten Sie vor einer Beteiligung unbedingt die handels- und gesellschaftsrechtlichen und auch die steuerlichen Folgen genau durchdenken und bei Bedarf professionellen Rat einholen.

Anlageformen für moderate Anleger

Der moderate Anleger befindet sich irgendwo zwischen dem konservativen und dem chancenorientierten Anlegertypen: Der moderate Anleger möchte sich nicht mit geringen Renditen zufrieden geben und ist bereit, für ein höheres Anlageergebnis ein gewisses Maß an Risiko einzugehen. Dabei legt er sehr viel Wert darauf, dass die Risiken relativ gering bleiben und ein angemessenes Chancen-Risiko-Verhältnis gewahrt bleibt. Für den moderaten Anleger kommen konservative Anlagen, wie Bankprodukte, Bundeswertpapiere und kapitalbildende Versicherungen ebenso in Frage, wie riskantere Anlageformen, vor allem Anleihen, Investmentfonds und Immobilien. Der moderate Anleger kann sich mit der richtigen Mischung aus all diesen, bereits vorgestellten, Anlageformen eine individuell passende, maßgeschneiderte Geldanlage zusammenstellen. Der Aktienanteil sollte dabei wesentlich geringer sein als beim chancenorientierten Anleger, jedoch sollte nicht gleich komplett auf die Anlage in Aktien verzichtet werden, solange der Anlagehorizont länger als 10 Jahre beträgt. Auch ein kleiner Anteil an Aktien kann eine spürbare Verbesserung der Renditechancen bewirken, ohne dass das Risiko gleich ins Unermessliche steigt. Jedoch sollte stets darauf geachtet werden, dass der Aktienanteil nicht zu hoch steigt.

Die Geldanlage an sich ist ein weites Feld. Doch eine bestimmte Spielart dieses Bereiches ist geradezu prädestiniert für den moderaten Anleger: Eine Geldanlage, die – zumindest in der Werbung – verspricht, die Chancen der globalen Finanzmärkte zu nutzen, ohne jedoch das dazugehörige Risiko tragen zu müssen: Anlageprodukte mit einer Kapitalgarantie. Im folgenden Abschnitt wird auf die grundlegende Funktionsweise der gängigsten Garantiesysteme eingegangen.

Fonds und Versicherungen mit Garantiebausteinen

Die ideale Geldanlage für den moderaten Anleger wäre ein Anlageprodukt, das es ermöglicht, an den Chancen des Kapitalmarktes teilzuhaben und gleichzeitig eine Kapitalgarantie bietet. Im Laufe der Jahre hat die Finanzindustrie eine Vielzahl von Garantieprodukten auf den Markt gebracht, die genau das vollmundig versprechen. Im Einzelnen haben Sie die Auswahl zwischen verschiedenen Garantiefonds, Garantiezertifikaten und fondsgebundenen Versicherungen mit Garantien, doch es sind im Grunde immer die gleichen Varianten und Methoden, wie die Garantie gewährleistet wird. Insbesondere haben alle Garantiekonstrukte eines gemeinsam: Der Produktanbieter selbst übernimmt nur in sehr geringem Ausmaß nennenswerte Anlagerisiken, vielmehr sichert dieser die Risiken an den Kapitalmärkten mit mehr oder weniger komplizierten

Methoden ab. In diesem Abschnitt werden die gängigsten Garantiemethoden und deren Nutzen für den Anleger kurz erläutert. Insbesondere sind das: Die statischen Garantien, die dynamischen Garantien, Absicherungsstrategien mit Derivaten und die Garantien bei britischen Versicherungen.

Statische Garantien

Statische Garantien werden ermöglicht, indem der garantierte Kapitalbetrag vollständig durch sichere Anlagen abgesichert ist. Dieses Verfahren ist das ursprüngliche Prinzip der ersten Garantieprodukte und findet sich auch heute noch bei vielen Garantiefonds, Garantiezertifikaten und garantierten Versicherungsprodukten.

Statische Garantien funktionieren stets mit einer festen Ziellaufzeit und die Garantie gilt nur zum Ende dieser Ziellaufzeit. Die Funktionsweise ist wie folgt: Am Ende der Laufzeit ist ein bestimmter Betrag garantiert, oft sind das 100% der Einzahlungen, es sind aber auch andere Garantieniveaus möglich. Ein Teil des Beitrages wird in sichere Anlagen investiert, z.B. in deutsche Staatsanleihen. Die Höhe des sicher angelegten Betrages ist genau so hoch, dass am Ende der Laufzeit mit allen Zinsen und Zinseszinsen genau der garantierte Betrag herauskommt. Je nach Laufzeit und Zins ist die Höhe dieses Anteils sehr unterschiedlich. Nehmen wir beispielsweise an, der sichere Zins liegt bei 4% und es sollen 10.000€ angelegt werden, so dass nach 10 Jahren 100% des Kapitals garantiert sein soll. Dann müssen etwa 6.750€ aus dem Anlagebetrag in die sichere Anlage investiert werden. Dank der sicheren Verzinsung vermehren sich diese zum Ende der 10 Jahre genau auf 10.000€. Die verbleibenden 3.200€ können in riskante Anlagen investiert werden und selbst wenn diese komplett verloren gehen, dann sorgt der sicher angelegte Anteil dafür, dass Sie am Ende keine Verluste erlitten haben. Mit den dargestellten Werten funktioniert dies jedoch nur, wenn keine Kosten anfallen. Bei jährlichen Verwaltungskosten von einem Prozent müssten – bei einer 10-Jährigen Laufzeit mit einem Zins von 4% – schon

7.450€ in den sicheren Anteil fließen, um nach Kosten die Garantie bieten zu können. Im Jahr 2007 lagen laut Angaben des Analysehauses FWW die jährlichen Kosten von Garantiefonds bei 1,1%.

In der Grafik auf der nächsten Seite ist dargestellt, welcher Betrag maximal in riskante Anlagen – je nach Laufzeit und sicherem Zins – investiert werden kann. Diese Beträge sind ohne Abschlusskosten und laufende Verwaltungskosten berechnet. In der Praxis dürften deshalb die Anteile nochmals spürbar sinken. Bei langfristigeren Zeiträumen und auch einer höheren Verzinsung wird tendenziell weniger Kapital für die Garantien benötigt, als bei kurzfristigen Laufzeiten und niedrigen Zinsen.

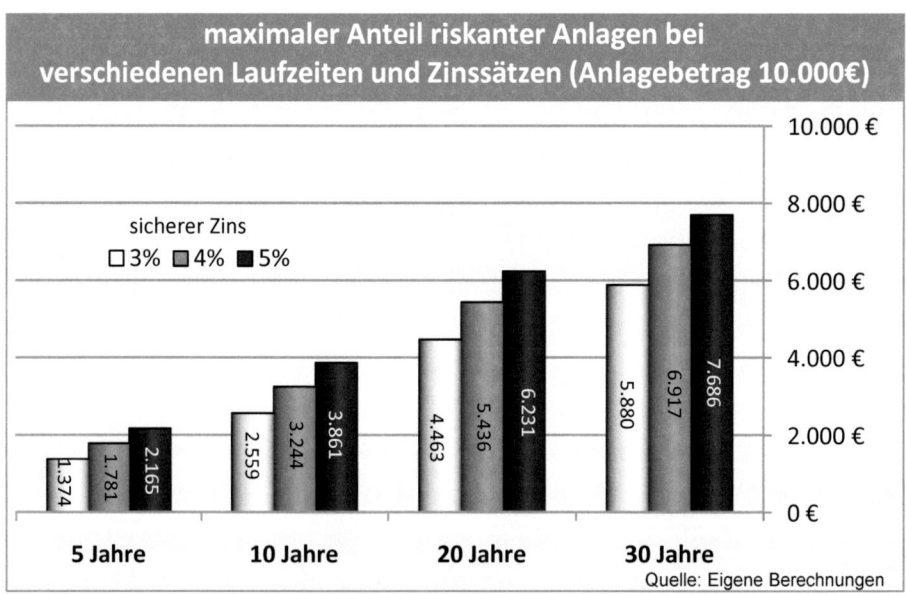

Dieses Prinzip ist die ganze Magie hinter dieser Art von Garantie-produkt. Daraus wird vor allem eines klar: Das ehrgeizige Versprechen, dass die Chancen der Aktienmärkte bei gleichzeitiger Garantie genutzt werden können, kann insbesondere bei kurzen Laufzeiten nicht gehalten werden. Der Preis für die Garantie ist hierbei, dass lediglich ein Teil der Anlage in riskante Papiere angelegt wird und gerade bei den heutigen niedrigen Zinsen sind solche statischen Garantieprodukte zu einem großen Teil in sichere Anlagen investiert. In der Praxis bleiben daher solche Produkte in steigenden Marktphasen deutlich hinter reinen Aktienfonds zurück.

Dieses Prinzip ist grundsätzlich ideal für fondsgebundene Versicherungen. Der sichere Anteil für die Garantie ist dann das normale Anlagevermögen der Versicherung mit dem üblichen Garantiezins und der darüber hinausgehende Anteil wird dann in die jeweiligen Investmentfonds investiert. Sofern die grundlegende Funktionsweise der Garantie bekannt ist, glänzen solche Produkte neben der Garantie mit Transparenz und Nachvollziehbarkeit. Die Transparenz liegt darin, dass Sie als Versicherter jährlich unaufgefordert – und auch jederzeit auf Wunsch – erfahren, welche Beträge in welchen „Kapitaltöpfen" investiert sind. Da normalerweise in den ersten 5 Jahren der Laufzeit die Abschlusskosten einer Versicherung von den Beiträgen abgezogen werden, jedoch der gesamte gezahlte Beitrag garantiert wird, kann es vorkommen, dass der riskante Anteil zu Beginn sehr gering ausfallen kann und erst nach einigen Jahren den geplanten Wert annimmt. Da für Neuverträge ab 2012 der garantierte Zins von Rentenversicherungen von 2,25% auf 1,75% sinkt, sind dann nur noch deutlich geringere Investitionsquoten in Aktien möglich, daher sollte ein möglicher Vertragsabschluss vorzugsweise noch in 2011 erfolgen.

Viele real existierende Garantiefonds und -zertifikate investieren den riskanten Anteil nicht direkt in Aktien, sondern in spezielle Finanzinstrumente, die bei steigenden Märkten einen höheren Gewinn versprechen. Durch diese sogenannten Optionen und Optionsscheine lassen sich mit kleinem Kapitaleinsatz sehr hohe Gewinne erwirtschaften. Doch dafür müssen die Märkte sehr schnell sehr hoch steigen. Bei fallenden Märkten kann dagegen sehr schnell der gesamte Einsatz verloren gehen und bei gleichbleibenden Märkten verliert ein normaler Optionsschein stetig an Wert. Diese Optionen und Optionsscheine sind hochspekulative Papiere, die zumindest einzeln nichts in einer moderaten oder konservativen Anlage zu suchen haben. In einem Garantiefonds jedoch sollen diese Finanzinstrumente wie ein Turbo funktionieren, so dass dieser auch bei steigenden Aktienmärkten entsprechende Ergebnisse erzielen kann. Im Endeffekt verhält sich diese Konstruktion so, dass solch ein Garantieprodukt mit Optionsscheinen nur bei stark steigenden Aktienmärkten attraktive oder überdurchschnittliche Renditen erwirtschaften kann.

Ein großer Vorteil bei den statischen Garantien ist: Sie als Privatanleger können sich ihre eigene garantierte Anlage zusammenstellen. Das Prinzip ist einfach und benötigt grundsätzlich keine exotischen Finanzinstrumente. Sie legen sich Ihren Anlagehorizont fest und suchen sich eine entsprechende Anleihe oder eine andere passende Zinsanlage. An den Anleihemärkten gibt es verschiedene „Zerobonds" zum Kauf. Das sind normale Anleihen, die die Zinsen nicht jährlich auszahlen, sondern erst am Ende – ideal für eine statische Garantie. Den verbleibenden Teil können Sie dann guten Gewissens in die Aktienmärkte Ihrer Wahl investieren. Bei kurzen Anlagezeiträumen und bei den derzeitigen niedrigen Zinsen sind zwar keine üppigen Aktienanteile möglich, dagegen sparen Sie sich die Gebühren eines Garantiefonds und haben die volle Kontrolle über Ihre Anlage.

Statische Garantiesysteme sind einfach, nachvollziehbar und auch wirklich krisenfest. Diese Sicherheit hat Ihren Preis, deswegen kann nur ein Teil der Kapitalmarktchancen wirklich genutzt werden. Um dies zu kompensieren, investieren manche Garantiefonds den riskanten Anteil in spekulative Optionen und andere Finanzinstrumente, was die Chancen und die Risiken für diesen Teil deutlich erhöht. Statische Garantien sind so einfach, dass diese auch von Privatanlegern zu sehr günstigen Kosten erstellt werden können. Auch wenn solche garantierten Produkte einen Kapitalschutz bieten, der auch offensiv beworben wird, sollte Ihnen bewusst sein, dass die Garantie nur zum Ende der vereinbarten Laufzeit gewährleistet ist. Zwischenzeitlich sind Kursverluste durchaus möglich und sind in der Praxis auch schon mehrmals vorgekommen.

Dynamische Garantien

Statische Garantien sind grundsätzlich eher zu vorsichtig, da in diesen praktisch ein Totalverlust der riskanten Anlage einkalkuliert ist. Dies ist an sich eher unwahrscheinlich und wenn man die täglichen Kursentwicklungen beobachtet, dann ist ein hundertprozentiger Verlust nahezu undenkbar. Dieses Prinzip nutzen die dynamischen Garantiesysteme aus. Dabei wird die Zusammensetzung der Anlage täglich überwacht und es wird nur derjenige Teil in sichere Anlagen investiert, der tatsächlich benötigt wird und ein Teil der riskanten Anlagen dient zusätzlich als Sicherheit, da diese an einem einzigen Tag nicht komplett an Wert verlieren können. Heutzutage lässt sich anhand verschiedener Kapitalmarktdaten und statistischer Methoden relativ leicht schätzen, wie stark eine Aktie maximal an einem Tag fallen kann. Dementsprechend muss auch nur dieser maximal mögliche Verlust und nicht der Gesamtwert mit einer Garantie abgesichert werden. Fallen die Aktienkurse, dann sorgt ein finanzmathematisches System dafür, dass ein größerer Teil in die sichere Anlage umgeschichtet wird. Steigen die Aktienkurse, dann steigt der Anteil der riskanten Anlagen. Die Garantie passt sich dadurch den unterschiedlichen Marktgegebenheiten an. In der Finanzbranche ist dieses System als CPPI bekannt (Constant Proportion Portfolio Insurance).

Ein solches Wertsicherungskonzept ist natürlich um einiges komplizierter als eine einfache statische Garantie und muss täglich überwacht werden. Dagegen sind die Aktienquoten oft deutlich höher, weil nur die Garantie in Anspruch genommen wird, die tatsächlich benötigt wird. Eine große Schwäche hat jedoch dieses Garantieverfahren: Wenn die Aktienkurse sehr plötzlich und sehr lang gefallen sind, dann ist nahezu das gesamte Vermögen in der sicheren Anlage investiert. Wenn sich dann die Aktienkurse wieder erholen, dann profitieren Sie nicht vom Aufschwung, da Sie ja kaum noch Aktien in der Anlage haben. In extremen Fällen kann es vorkommen, dass nach einem starken Einbruch an den Aktienmärkten 100% in den sicheren Anlagen stecken und dies auch bis zum

Laufzeitende so bleibt. Dieses Phänomen nennt sich „cash lock". Bei den vorsichtigeren statischen Garantiesystemen stellt sich dieses Problem nicht, da stets die Garantie vollkommen abgesichert ist. Viele Anbieter haben zwar mit angepassten Methoden auf dieses Problem reagiert, doch nur die Praxis kann zeigen, ob dann dieses Problem auch tatsächlich aus der Welt geschafft ist.

Dynamische Wertsicherungen findet man in verschiedenen Garantie-fonds mit unterschiedlichen Absicherungsniveaus und verschiedenen Laufzeiten. Auch bei Versicherungsprodukten sind dynamische Garantien weit verbreitet und in verschiedenen Ausgestaltungen möglich.

Es gibt Garantiefonds, die einfach nur das eingezahlte Kapital garan-tieren, aber auch andere Fonds, bei denen die Garantie mitwächst – auch unter dem Namen „Höchststandssicherung" bekannt. Bei denen werden in der Regel monatlich die Garantien und die Zusammensetzung angepasst: Wenn der Fondswert im Monatsverlauf gestiegen ist, dann erhöht sich auch die Garantie und die Zusammensetzung des Fonds wird nach einem mathematischen Modell entsprechend angepasst. Wenn der Fondswert fällt, bleibt die bisherige Garantie bestehen – sonst wäre es auch keine echte Garantie – und steigt erst wieder, wenn der Fonds einen neuen Höchststand erreicht. Auch wenn es manchmal anders verstanden werden kann: Die Garantie gilt auch hierbei erst zum Laufzeitende. Der Fonds-preis kann zwischenzeitlich auch bei garantierten Höchstständen fallen. Garantiefonds müssen quasi immer mit einem Fuß auf der Bremse fahren, damit auch die Garantie wirklich gewährleistet werden kann. Wenn die Garantie im Verlauf auch noch mitwächst, dann ist der Gesamtanteil der riskanten Anlage relativ gesehen noch niedriger. Das Prinzip, dass die Garantie mitwächst und immer der Höchststand abgesichert ist, kling auf den ersten Blick sehr attraktiv, doch es sind auch keine extremen Höchststände, wie bei der reinen Aktienanlage möglich, da der Fonds stets auf der Bremse bleiben muss. Die meisten solcher Wertsicherungs-fonds arbeiten im riskanten Anlageteil mit gehebelten Anlagen, wie Optionen und Futures, die ein Vielfaches stärker steigen und auch fallen können als normale Aktien. Bei steigenden Märkten sorgen diese für attraktive Gewinne, doch wenn die Kurse fallen, sind auch die Verluste im riskanten Teil des Fonds entsprechend hoch. Normalerweise sind auch solche Fonds so ausbalanciert, dass diese sehr gut funktionieren, doch sollte Ihnen als Anleger bewusst sein, dass der Garantiefonds mit Finanzinstrumenten handelt, die für einen Laien in keinster Weise mehr nachvollziehbar sind. Insbesondere wenn ein extremer Aktiencrash auftritt, der den Rahmen der mathematischen Modelle sprengt, kann es zum Zusammenbruch einer solchen Wertsicherungsstrategie kommen. Dazu müssten zwar die weltweiten Aktienmärkte um über 20% an einem Tag fallen, was äußerst unwahrscheinlich ist. Wenn dies aber tatsächlich einmal auftreten sollte, dann könnten einige Garantien nicht mehr gewährleistet werden.

Im Versicherungsbereich gibt es einmal das sogenannte Zwei-Topf-Verfahren und das Drei-Topf-Verfahren. Beim Zwei-Topf-Verfahren ist das Anlagevermögen der Versicherung mit dem Garantiezins der sichere Anteil für die Garantie und der übrige Anteil kann in verschiedene, frei wählbare Investmentfonds investiert werden. Im Prinzip ist das genau das klassische dynamische CPPI-Verfahren. Bei Drei-Topf-System kommt noch ein Wertsicherungsfonds hinzu, der selbst natürlich auch zum Teil in Aktien investiert ist. Durch die Kombination der Versicherungsanlage und Wertsicherungsfonds wird die Garantie sichergestellt. Alles, was darüber hinaus geht, kann dann in frei wählbare Fonds investiert werden. So ist es möglich, den Aktienanteil an der Anlage ein wenig zu erhöhen, wodurch die Anlage jedoch ein komplizierter und weniger nachvollziehbar wird. Wie auch bei den statischen Garantien ist gerade in den ersten Jahren der Aktienanteil sehr gering, da auch hier zu Beginn die Abschlusskosten vom Beitrag abgezogen werden, aber der gesamte Beitrag garantiert wird.

Insgesamt bieten dynamische Garantien den Vorteil, dass damit deutlich höhere Aktienquoten möglich sind, als bei den einfachen, statischen Garantien. Dagegen sind diese deutlich komplizierter und der normale

Privatanleger kann solche Garantien nicht nachbilden, wie es bei der statischen Garantie der Fall war. Viele dynamische Garantiefonds investieren den riskanten Anteil in spekulative Anlagen, um quasi einen „Turbo" für die Wertentwicklung einzubauen. Sollten einmal die Finanzmärkte komplett zusammenbrechen, dann sind auch dynamische Garantiesysteme davon betroffen – insbesondere diejenigen, die in gehebelte Anlagen investieren.

Absicherungsstrategien mit Derivaten

Derivate sind exotische Finanzinstrumente, deren Wertentwicklung von einem anderen Wertpapier abhängt. Es gibt Derivate, die beispielsweise stark steigen, wenn die Aktienmärkte fallen sollten. Genau solche werden auch zur Absicherung genutzt.

Im Versicherungsbereich gibt es dazu spezielle Produkte mit dem Namen „Variable Annuities". Im Prinzip sind das ganz normale fondsgebundene Rentenversicherungen: Sie können den Sparanteil der Beiträge in verschiedene Investmentfonds investieren. Die Garantie trägt die Versicherungsgesellschaft und sagt einen garantierten Kapitalbetrag oder eine garantierte Rente verbindlich zu. Doch das macht diese natürlich nicht umsonst: Damit diese Garantie gewährleistet werden kann, sichert sich die Versicherung mit Derivaten am Kapitalmarkt ab. Ihnen, als Versichertem, wird dafür eine einmalige oder jährliche Garantiegebühr aus dem Vertragsguthaben abgezogen. Damit finanziert der Versicherer die Derivate, die ihn vor den Folgen eines Aktienmarktcrashes schützen, so dass dieser auch wirklich die garantierte Leistung erbringen kann.

Der Vorteil liegt hier darin, dass Sie Ihre gewünschte Anlagestrategie selbst bestimmen und überwachen können und die Sicherstellung der Garantie außerhalb der eigentlichen Anlage erfolgt. Die Nachteile liegen darin, dass je nach Kapitalmarktsituation die Absicherungsgeschäfte sehr teuer werden können und die Garantiegebühren (bzw. die davon gekauften Derivate) nicht ausreichen, um die Garantie zu sichern – das verbleibende Risiko trägt dann der Versicherer. Im schlimmsten denkbaren Szenario kann deshalb die Zahlungsunfähigkeit des Versicherers eintreten – die Garantie wäre dann wertlos.

Britische Versicherungen

Eine kapitalbildende Versicherung nach britischer Art schafft sehr oft den gewünschten Spagat zwischen Rendite und Risiko. Sie kombiniert ein gewisses Mindestmaß an Sicherheit mit einer ausgewogenen renditestarken Anlage. Anders als bei deutschen Versicherungen haben die britischen Produkte deutlich mehr Freiheiten bei der Kapitalanlage – vor allem sind deutlich höhere Aktienanteile möglich. Dagegen sind die angebotenen Kapitalgarantien niedriger als bei den deutschen Versicherungsprodukten, die einen Garantiezins von 2,25% bzw. 1,75% ab 2012 bieten.

Die Wertentwicklung des Vertrages lässt sich in zwei Prinzipien aufteilen: Zum einen ist das der deklarierte bzw. garantierte Wertzuwachs – dabei wird Ihrem Vertragsguthaben jährlich eine bestimmte Verzinsung gutgeschrieben. Je nachdem, in welcher Verfassung die Kapitalmärkte sind, kann diese aber auch null betragen. Dieser deklarierte Wertzuwachs stellt die Garantiekomponente der Versicherung dar, da dieser mindestens null beträgt und das garantierte Vertragsguthaben deshalb niemals fallen, sondern nur gleichbleiben oder steigen kann. Einmal gutgeschriebene Wertzuwächse können auch nicht wieder rückgängig gemacht werden.

Der deklarierte Wertzuwachs findet im Prinzip nur auf dem Papier statt. Die Sparanteile der tatsächlich eingezahlten Beiträge fließen in das Anlagevermögen der Gesellschaft oder einen speziellen Anlagefonds. Dieses Anlagevermögen wird professionell in die internationalen Finanzmärkte investiert – mit üblicherweise höheren Aktienquoten als bei deutschen Versicherern. Dadurch können Sie von den höheren Kapitalmarktchancen profitieren. Oft wird der tatsächliche Wertzuwachs geglättet – Smoothing genannt: In besonders guten Jahren wird ein Teil der Gewinne einbehalten und in Verlustjahren dann wieder gutgeschrieben, so dass die Anlage insgesamt deutlich weniger starke Schwankungen aufweist.

Gegen Ende des Vertrages haben Sie als Versicherter zwei verschiedene Guthaben: Einmal den tatsächlichen Wert, der im Anlagevermögen investiert ist und zum anderen das garantierte Vertragsguthaben, das im Idealfall, dank der deklarierten Wertzuwächse, jedes Jahr gestiegen ist. Sie erhalten dann den höheren der beiden Beträge. Wenn an den Finanzmärkten ordentliche Erträge erwirtschaftet werden konnten, dann ist das tatsächliche Guthaben entsprechend größer als das garantierte. Wenn jedoch ein Aktiencrash oder eine Finanzkrise sämtliche Gewinne aufgezehrt haben und Sie eigentlich auf größeren Verlusten sitzen, dann erhalten Sie das garantierte Guthaben mit den deklarierten Wertzuwächsen. Im Endeffekt haben Sie mit solch einer Versicherung die Chance auf attraktive Anlageergebnisse bei gleichzeitig einer hohen Sicherheit aufgrund der Garantiekomponente.

Bei britischen Versicherungen sollten Sie jedoch die Versicherungsbedingungen genau lesen oder von einem qualifizierten Vermittler oder Berater erläutern lassen. Die Garantien sind oft an Bedingungen geknüpft und beziehen sich meist nur auf das Ende der Vertragslaufzeit. Außerdem fallen, wie bei jeder Versicherung, Abschluss- und Verwaltungskosten an, die das Anlageergebnis unterm Strich reduzieren.

Britische Versicherungen bieten insgesamt eine bequeme und renditeorientierte Anlage mit einer gleichzeitigen Garantie. Das Konzept hat sich bereits über Jahrzehnte im angelsächsischen Raum bewährt und stellt auch für den deutschen Anleger und Sparer eine interessante Alternative zu den üblichen Garantiekonzepten dar.

Immobilien zur Altersvorsorge

Die selbstbewohnte Immobilie

Für die meisten Deutschen ist das eigene Heim die Altersvorsorge schlechthin. Im Gegensatz zu den vielfältigen Finanzprodukten kann man diese anfassen, betreten und bewohnen und sie bietet die Freiheit, nie mehr Miete zahlen zu müssen. Grundsätzlich ist eine Immobilie sehr geeignet für die private Altersvorsorge. Sie ist ein solider Vermögenswert, der Ihnen das gesamte Leben lang bis ins hohe Alter erhalten bleibt. Doch der Traum vom Eigenheim kann sich auch sehr schnell in einen Alptraum verwandeln. Nicht wenige Immobilienkäufer verkalkulieren sich, kaufen zu überteuerten Preisen, unterschätzen den finanziellen Aufwand oder übernehmen sich bei der Finanzierung. Deshalb ist der Erwerb einer Immobilie nur für diejenigen geeignet, die wirklich wissen, was sie tun oder sich zumindest gründlich informiert haben. Leider kommt es immer noch vor, dass Immobilien bereits sofort nach einem einzigen kurzen Besichtigungstermin gekauft werden, oder Kaufverträge mit folgenreichen Zusatzvereinbarungen ohne Weiteres unterzeichnet werden. Die eigene Immobilie ist nicht nur eine finanzielle Entscheidung, sondern auch eine emotionale Angelegenheit. Schließlich bedeutet diese mehr als nur ein Eigentum an Grund und Boden, sondern ist auch Wohnsitz und Lebensmittelpunkt und oft auch ein Statussymbol. Doch lassen Sie sich bitte nicht nur von Ihren Gefühlen leiten, diese sind in finanziellen Dingen oft ein schlechter Ratgeber. Behalten Sie lieber einen kühlen Kopf und wägen Sie alle Vor- und Nachteile gegeneinander ab.

Die tatsächlichen Kosten einer Immobilie

Bei Immobilien sind stets größere Geldbeträge im Spiel: Zum einen muss natürlich das Grundstück, das Haus oder die Eigentumswohnung gekauft und finanziert werden. Unerfahrene Immobilienkäufer betrachten die Angelegenheit damit als erledigt und freuen sich schon auf ein lebenslanges mietfreies Wohnen. Doch mit dem Kaufpreis allein ist es leider nicht getan. Es lauern viele unterschätzte Kostenfallen, die so manchen Immobilientraum zum Platzen gebracht haben.

Es beginnt bereits beim Kauf: Der größte Posten beim Immobilienerwerb ist der Kaufpreis selbst. Echte Schnäppchen sind selten, da eine hochwertige Immobilie in guter Lage nun mal ihren Preis hat. Informieren Sie sich vor dem Kauf einer Immobilie daher genau, ob der Kaufpreis angemessen ist. Bei Immobilienkäufen ist nicht nur viel Geld im Spiel, sondern auch eine Menge Emotionen. Ein kühler Kopf ist das beste Mittel, um sich vor unüberlegten Aktionen zu schützen. Gönnen Sie sich stets etwas Bedenkzeit und wägen Sie mit etwas Abstand die Vor- und Nachteile nochmals genau ab, wenn die erste Euphorie etwas nachgelassen hat. Bei einer so weitreichenden Entscheidung, wie bei der eigenen Immobilie, sind spontane Schnellschüsse nicht zielführend.

Zusätzlich zum Kaufpreis fallen verschiedene Erwerbsnebenkosten für den Notar und die Grundbucheintragung, die Grunderwerbssteuer und eventuell noch Nebenkosten für eine Finanzierung oder Vermessungskosten an. Wenn ein Immobilienmakler in den Erwerb eingebunden ist, dann steht diesem für seine Anstrengungen eine Maklercourtage zu. Die gesamten Erwerbsnebenkosten liegen erfahrungsgemäß zwischen 5 und 10 Prozent des Kaufpreises. Grundsätzlich werden diese bei einer Immobilienfinanzierung nicht mit finanziert und müssen daher vom Erwerber selbst getragen werden, da diese reine Kosten sind.

Wenn Sie Ihre Traumimmobilie gefunden haben und endlich der Eigentümer sind, hören die Kosten jedoch nicht auf. Wie teuer die Baufinanzierung ist, wenn die Immobilie finanziert wurde, ist den meisten Immobilienbesitzern bewusst. Doch es gibt noch weitere laufende Kosten, die oft unterschätzt werden. Wenn eine Baufinanzierung bereits bis zur finanziellen Belastungsgrenze ausgedehnt ist und dann unerwartet noch zusätzliche Kosten auftreten, ist nicht nur die Überraschung groß, sondern auch der Traum vom eigenen Heim in Gefahr. Beispielsweise muss die laufende Grundsteuer jährlich abgeführt werden. Je nachdem, in welcher Gemeinde sich die Immobilie befindet, ist diese unterschiedlich hoch. Das Finanzamt bewertet die Immobilie mit dem sogenannten Einheitswert und multipliziert diese mit der jeweiligen Steuermaßzahl (0,26-0,35% für Wohnimmobilien). Dieser Wert wird mit dem sogenannten Hebesatz multipliziert, der von der jeweiligen Gemeinde oder Stadt festgelegt wird – im Bundesschnitt liegt dieser bei 400%. In München liegt der Hebesatz seit 2010 bei 535% – für einen festgelegten Einheitswert von beispielsweise 100.000€ sind folglich zwischen 1.391€ bis 1.873€ jedes Jahr an Grundsteuer fällig.

Jede Immobilie hat naturgemäß laufende Neben- und Betriebskosten, z.B. für Wasser, Heizung, Hausmeister usw. Insbesondere bei Gemeinschaftseigentum kommen oft noch zusätzliche Kosten auf den Eigentümer zu. Insbesondere Mieter, die nun in die eigene Wohnung wechseln, werden oft unerwartet mit der Tatsache konfrontiert, dass die monatlichen Nebenkosten für Eigentümer teils deutlich höher sein können. Denn zu den sogenannten umlagefähigen Betriebskosten, die bereits aus dem Mietverhältnis bekannt sind, kommen noch die Kosten hinzu, die der Eigentümer darüber hinaus zahlen muss. Das sind vor allem Beiträge für die Objektverwaltung, Instandhaltung und Rücklagen.

Zu guter Letzt besteht natürlich in regelmäßigen Abständen ein gewisser Renovierungs- und Sanierungsbedarf. Nicht nur das Haus selbst wird älter, sondern auch das Innenleben. Normalerweise ist nicht gleich alle zehn Jahre eine Generalüberholung fällig, doch früher oder später müssen nun einmal die Bodenbeläge oder auch die Fenster ausgetauscht werden oder es wird eine neue Heizung fällig. Gerade bei Immobilien für die Altersvorsorge, die Sie über Jahrzehnte noch bewohnen wollen, kommt irgendwann der Punkt, dass „etwas getan werden muss". Ein finanzielles Polster für solche Renovierungs- und Instandhaltungsmaßnahmen ist deshalb unumgänglich. Die weitverbreitete Vorstellung, dass nach der Bezahlung aller Darlehen die mietfreie Immobilie uneingeschränkt genossen werden kann ist allein deshalb schon eine Illusion. Insbesondere bei Immobilien mit schlechter Bausubstanz und älteren Gebäuden kann die Instandhaltung über die Jahre sehr teuer werden.

In seltenen Fällen können Sie auch Kosten oder Gebühren treffen, mit denen kaum jemand rechnet. Wenn die Gemeinde oder Stadt eine Straße neu baut oder umfassend saniert, dann kann ein Teil der Kosten von den anliegenden Grundstückseigentümern als Anliegerbeiträge gefordert werden. Auch unerwartete Rechtsstreitigkeiten sind als Immobilieneigentümer manchmal nicht zu vermeiden und können hohe Kosten verursachen.

Ihnen sollte bewusst sein: Die Kosten bei Erwerb und Besitz einer Immobilie sind nunmal nicht nur der Kaufpreis und evtl. noch die Darlehenszinsen. Sondern auf den Immobilieneigentümer kommen noch viele weitere Kosten und Gebühren zu. Diese Kosten sollten Sie unbedingt in allen Berechnungen vor dem Kauf einer Immobilie berücksichtigen. Nur so können Sie richtig einschätzen, ob Sie sich Ihre Wunschimmobilie tatsächlich leisten können.

Baufinanzierung

Nur wenige können sich den Traum vom eigenen Heim leisten, ohne dafür einen Kredit aufnehmen zu müssen. Vielmehr ist es in Deutschland üblich, die eigene Immobilie zu finanzieren. Die hohe Zahl der Zwangsversteigerungen zeigt jedoch, dass viele Immobilienfinanzierungen auf wackeligen Beinen stehen – nach Angaben des Fachverlages Argetra wurden 2010 82.000 Zwangsversteigerungstermine mit einem Verkehrswert von über 13 Milliarden Euro anberaumt.

Ein häufiger Grund für eine gescheiterte Baufinanzierung ist, dass sich viele Immobilienerwerber schlicht und einfach finanziell übernehmen. Selbstverständlich ist ein großes Eigenheim angenehmer als ein kleines, doch wenn Sie dadurch an die Grenze Ihrer finanziellen Leistungsfähigkeit gelangen, kann der Traum von der eigenen Immobilie nach kurzer

Zeit wieder beendet sein. Doch auch in den Details und den Bedingungen der jeweiligen Baufinanzierung können verschiedene Risiken, Tücken und Stolpersteine lauern. Grundsätzlich sollten Sie bei einer Immobilienfinanzierung nur die Produkte abschließen, die Sie auch verstehen.

Die einfachste Form ist die Finanzierung mit einem sogenannten Annuitätendarlehen. Dabei nehmen Sie ein Darlehen bei einer Bank auf und zahlen dieses mit einem monatlichen Beitrag ab, der über die gesamte Laufzeit gleich bleibt. Der monatliche Beitrag besteht einerseits aus den Darlehenszinsen und einer Tilgung. Mit dem Tilgungsanteil reduzieren Sie Monat für Monat Ihre Schuld – im Laufe der Zeit wird dadurch der Anteil der Zinsen am monatlichen Beitrag immer geringer (weil die Restschuld sinkt) und weil der Monatsbeitrag weiterhin gleich bleibt, wird immer stärker getilgt, bis am Ende der Laufzeit das Darlehen komplett abgezahlt ist. Doch ganz gleich, welche Art der Finanzierung Sie letztendlich wählen, es gibt einige Aspekte, die Sie vor einem Abschluss bedacht haben sollten:

<u>Sichern Sie Ihr Einkommen ab.</u> Nur wenn Sie keine unerwarteten Einkommensausfälle fürchten müssen, ist eine Baufinanzierung auch wirklich solide. Wenn Sie aufgrund einer Krankheit oder eines Unfalles nicht mehr arbeiten können, dann ist auch schnell die eigene Immobilie in Gefahr und es droht die Zwangsversteigerung. Deshalb sollten Sie unbedingt Ihre Arbeitskraft absichern – vorzugsweise mit einer Berufsunfähigkeitsversicherung. Auch für den Todesfall sollte vorgesorgt werden. Der Tod einer nahestehenden Person ist an sich schon schrecklich, doch wenn daraufhin auch noch die Immobilie verloren geht, wird die Situation noch schlimmer als sie ohnehin schon ist. Deshalb ist es mittlerweile üblich, dass sich Familien mit einer Risikolebensversicherung absichern. Die Höhe sollte mindestens bei der Restschuld des Darlehens liegen.

<u>Eigenkapital:</u> Je mehr Eigenkapital (also eigenes Geld oder diverse Eigenleistungen) Sie in Ihre Immobilie stecken, desto geringer sind die Risiken einer Baufinanzierung – sowohl für Sie, als auch in den Augen der

Bank. Je geringer das aufzunehmende Darlehen im Vergleich zum wirklichen Wert der Immobilie ist, desto besser werden auch die Konditionen.

Vergleichen Sie nicht nur die Zinsen. Viele angehende Immobilieneigentümer holen sich Finanzierungsangebote bei verschiedenen Banken ein, vor allem um sich den bestmöglichen Zins zu sichern. Doch Zinsen sind bei weitem nicht alles. Werfen Sie auch einen kritischen Blick ins Kleingedruckte, denn bei den Bedingungen gibt es teilweise deutliche Unterschiede. Unter anderem kann es wichtig sein, ob Sondertilgungen ohne Entschädigungsforderungen möglich sind, welche Beleihungsgrenzen es gibt oder ob das Darlehen an besondere Voraussetzungen geknüpft ist.

Tilgen Sie großzügig. Manche günstige Darlehensangebote haben nur deshalb so geringe Monatsraten, weil die Schulden kaum getilgt werden. Darlehen mit niedrigen Tilgungsraten benötigen Jahrzehnte bis diese endgültig abgezahlt sind: Beispielsweise ist ein Annuitätendarlehen mit einem Prozent anfänglicher Tilgung erst nach ca. 41 Jahren abgezahlt und nach den ersten zehn Jahren sitzen Sie immer noch auf einem Schuldenberg von rund 88 Prozent der anfänglichen Darlehenssumme. Eine höhere Tilgung erscheint auf den ersten Blick zwar teurer, da die monatliche Rate höher ist, doch da letztendlich die Schulden schneller zurückgezahlt werden, sind Sie früher schuldenfrei und zahlen insgesamt weniger an Zinsen.

Zinsen können auch steigen. Derzeit sind die Zinsen für Immobilienkredite auf einem historisch niedrigen Stand. Dass dieses langfristig nicht so bleiben kann, daran besteht auch unter Experten kaum ein Zweifel. Deshalb sollte in einer Finanzierungsplanung bei den derzeit so niedrigen Zinssätzen stets ein Spielraum nach oben eingeplant werden, damit nach dem Ablauf der Zinsbindungsdauer die Kreditrate immer noch gezahlt werden kann. Es gibt auch die Möglichkeit, dass Sie sich für eine anstehende Finanzierung, die Sie erst in ein paar Monaten oder Jahren benötigen, bereits heute schon die günstigen Zinsen mit einem sogenannten „Forwarddarlehen" sichern können. Jedoch verlangen die meisten Banken dafür einen angemessenen Zinsaufschlag.

Die Wahl der Zinsbindungsdauer. Die Zinsbindungsdauer legt in der Darlehensvereinbarung fest, für wie viele Jahre der vereinbarte Zins verbindlich gelten soll. Wenn am Ende der Zinsbindungsfrist noch eine Restschuld vorhanden ist, dann wird in der Regel zu den dann gültigen Zinskonditionen eine Anschlussfinanzierung vereinbart, was im Prinzip bedeutet, dass das bisherige Darlehen durch ein neues abgelöst wird. Dabei gilt: Je länger die Zinsbindungsdauer, desto höher ist auch der Darlehenszins. Grundsätzlich kann festgehalten werden, dass längere Zinsbindungsdauern vereinbart werden sollten, wenn Sie fürchten oder erwarten, dass die Zinsen in den nächsten Jahren steigen werden. Wenn Sie von fallenden Zinssätzen ausgehen, dann sind kurze Zinsbindungsdauern sinnvoll.

Eine besondere und oft auch übersehene Gefahr bei Anschlussfinanzierungen liegt darin, dass dies ein neuer Darlehensvertrag ist, der komplett neu verhandelt werden kann. Wenn sich unterdessen Ihre Zahlungsfähigkeit verschlechtert haben sollte, dann kann es mitunter vorkommen, dass die Bank Ihnen die Anschlussfinanzierung nur zu deutlich schlechteren Konditionen anbietet oder Ihnen im schlimmsten Falle sogar komplett verweigert.

Eine Zwangsversteigerung ist nicht immer ein Ende mit Schrecken.
Wenn Sie sich Ihre Kreditraten nicht mehr leisten können und sich auch sonst keine zufriedenstellende Lösung finden ließ, dann wird im Normalfall die Immobilie zwangsversteigert. Bei Zwangsversteigerungen ist es möglich, dass die Immobilie dann weit unter Wert versteigert wird. Dann kann es vorkommen, dass der Versteigerungspreis geringer ist, als die Restschuld des Darlehens und Sie dann nicht nur Ihre Immobilie verloren haben, sondern immer noch auf einem Schuldenberg sitzen bleiben.

Finger weg von Finanzierungen, die Sie nicht verstehen. Neben den einfachen und üblichen Annuitätendarlehen (gleichbleibende Monatsrate) gibt es noch viele weitere Möglichkeiten der Immobilienfinanzierung. Doch je komplizierter eine Baufinanzierung wird, desto mehr kann auch schiefgehen. Darlehen in anderen Währungen als in Euro können beispielsweise bessere Konditionen bieten, dagegen tragen Sie das volle Währungsrisiko – und zwar mit Geld, das Ihnen nicht gehört. Darüber hinaus gibt es noch weitere, mitunter recht kreative Lösungen, bei denen Sie das Darlehen nicht tilgen, sondern erst am Ende auf einen Schlag mit der Auszahlung einer Versicherung oder eines Sparvertrages zurückzahlen. Prüfen Sie bei solchen und allen weiteren „exotischen" Angeboten genau, welche Prinzipien und Wirkungsweisen dahinter stehen und ob dies für Sie wirklich Sinn macht oder ob Sie nicht doch lieber beim klassischen Immobiliendarlehen bleiben möchten. Unübliche und kreative Formen der Immobilienfinanzierung sollen hiermit auf keinen Fall verdammt werden, doch sind diese nunmal nicht für jeden geeignet und sinnvoll.

Augen auf bei Bausparverträgen. Nur weil im Namen eines Produktes der Begriff „Bausparen" drinsteckt, heiß das nicht automatisch, dass dieses perfekt dafür geeignet ist und keine Nachteile hat. Bausparverträge haben mitunter recht komplizierte Bedingungen und teilweise nur schwer nachvollziehbare Auszahlungsmodalitäten.

Im Normalfall funktioniert ein Bausparvertrag folgendermaßen: Sie sparen eine gewisse Zeit (sieben bis neun Jahre) einen monatlichen Betrag an. Sobald eine bestimmte Summe angespart wurde und noch weitere Kriterien (Bewertungszahl u.a.) erfüllt sind, ist der Bausparvertrag „zuteilungsreif" und Sie erhalten das zugesagte Darlehen. Ein normales Bauspardarlehen wird in einer relativ kurzen Zeit von weniger als 10 Jahren vollständig getilgt – dementsprechend hoch ist die monatliche Rate.

Unter diesen „Standard-Bedingungen" ist ein Bausparvertrag grundsätzlich für eine Baufinanzierung geeignet, sofern Sie sich die vergleichsweise hohen Raten leisten können. Doch wenn Sie sofort in die eigenen vier Wände möchten, dann nützt Ihnen ein normaler Bausparvertrag gar nichts, da das Darlehen erst in einigen Jahren ausgezahlt werden kann. Für diesen Fall bieten Bausparkassen ein normales Bankdarlehen an, das in einigen Jahren erst von einem Bausparvertrag abgelöst wird. Dabei gibt es in der Praxis viele verschiedene Varianten und Ausgestaltungen. In der Folge haben Sie dann ein Bankdarlehen und einen oder mehrere Bausparverträge abgeschlossen und müssen darauf vertrauen, dass das Konzept auch tatsächlich aufgeht – beispielsweise ist der Zeitpunkt, wann das Bauspardarlehen ausgezahlt wird, nicht vertraglich festgelegt, was zu Finanzierungslücken führen kann. In vielen Fällen wäre es dann einfacher, sicherer und planbarer gewesen, mit einem normalen Bankdarlehen zu finanziert zu haben.

Bausparverträge sind durchaus ein geeignetes Mittel, um die eigene Immobilie zu finanzieren. Doch auch hierbei sollten Sie die Funktionsweise und die Bedingungen kennen und auch verstanden haben. Vor allem, wenn Ihre Finanzierungsplanung vom normalen Bausparprinzip (Anfangskapital über mehrere Jahre ansparen und dann das Darlehen nutzen) abweicht, können die Finanzierungsangebote der verschiedenen Bausparkassen sehr kompliziert und zum Teil auch riskant werden.

Immobilien als Kapitalanlage

Eine Immobilie muss natürlich nicht selbst bewohnt werden, sie kann auch als Kapitalanlage zur Vermögensvermehrung oder zur Erzielung eines Zusatzeinkommens genutzt werden. Neben dem klassischen Weg, dass Sie ein Objekt erwerben um es weiterzuvermieten gibt es auch verschiedene Angebote aus der Finanzbranche, wie Sie Ihr Kapital in Immobilien investieren können.

Insgesamt lässt sich der Bereich der Immobilienanlage in drei Kategorien einteilen: Direktinvestition, offene Immobilienfonds und geschlossene Immobilienfonds.

Direktinvestition

Der „Klassiker" bei der Immobilienanlage ist die Direktinvestition. Dabei erwerben Sie eine Immobilie, jedoch nicht um diese selbst zu bewohnen, sondern weil Sie Geld damit verdienen möchten. Im Normalfall wird ein solches Objekt dann vermietet, wahlweise als Wohnung oder als Gewerberaum. Dadurch erhalten Sie als Vermieter die monatlichen Mietzahlungen, die Ihnen im Ruhestand als zusätzliches Einkommen dienen können. Wenn Sie ein Objekt in guter Lage mit einer guten Bausubstanz zu einem günstigen Preis erwerben können und sie dann noch einen Mieter finden, der Ihnen pünktlich die Miete überweist, dann haben Sie ein gutes Geschäft gemacht.

Mit etwas Glück und einem geschickten Händchen sind mit vermieteten Renditeimmobilien stattliche Renditen möglich. Wenn Sie ein hochwertiges Objekt in guter Lage vermieten möchten, können Sie sich im Normalfall von Interessenten kaum retten und Sie haben die angenehme Qual der Wahl. Doch eine solche Immobilie kann sich auch als teurer Verlustbringer erweisen. In manchen Lagen müssen Sie solch hohe Kaufpreise zahlen, dass die Mietrenditen nur noch auf Sparbuchniveau sind – Sie müssen für höhere Gewinne hoffen, dass die Mieten und/oder die Verkaufspreise steigen werden, was eine ziemlich riskante Wette ist. Zusätzlich zu den normalen Risiken, die Sie mit einer eigenen Immobilie ohnehin schon tragen, kommt nun noch ein weiterer Unsicherheitsfaktor hinzu: Der Mieter.

Der ideale Mieter zahlt pünktlich seine Miete und behandelt die gemieteten Räume genauso pfleglich, als wären es seine eigenen. Doch angesichts immer häufigerer Meldungen und Berichte über Mietpreller und Mietnomaden scheint es immer schwieriger zu werden, diesen perfekten Mieter auch tatsächlich zu finden. Wichtig bei der Suche nach einem Mieter ist daher, dass dieser geordnete Lebensumstände und einen sicheren Lebensunterhalt hat. Eine SCHUFA-Selbstauskunft und aktuelle Gehaltsabrechnungen wären unter anderem ein guter Hinweis darauf.

Deshalb wird insbesondere die Berufsgruppe der Beamten als sicherer Mieter geschätzt. Doch ganz gleich, wie krisensicher das Einkommen eines Mieters scheint, es gibt auch immer wieder Fälle, bei denen Mieter unverschuldet in die Zahlungsunfähigkeit geraten sind. Einen hundertprozentigen Schutz gegen Mietausfälle gibt es daher nicht. Wenn ein Mieter einmal seine Zahlungen eingestellt hat – ganz gleich aus welchem Grund – zehrt das nicht nur an den Nerven des Vermieters, sondern kann auch in einer regelrechten Katastrophe enden. Besonders gefährlich wird es, wenn Sie finanziell auf die Mietzahlungen angewiesen sind, vor allem dann wenn Sie damit ein Immobiliendarlehen finanzieren wollen. Aufgrund des hohen Stellenwertes des Mieterschutzes im deutschen Recht ist es sehr aufwendig, säumige Mieter aus der Wohnung zu kündigen. Die Gesetzgebung hat sich in dieser Hinsicht zwar verbessert und auch die zuständigen Gerichte bemühen sich nach Kräften, doch es dauert immer noch Monate, bis Sie endlich den ersehnten Räumungsbeschluss in Händen halten. Deshalb sollten Sie niemals die Mieten fest einplanen und für eventuelle Ausfälle ein finanzielles Polster zur Verfügung haben.

Eine jede Immobilie nutzt sich im Laufe der Zeit ab. Der schleichende allgemeine Verfall lässt sich natürlich nicht aufhalten, doch wenn Sie als Eigentümer Ihre Immobilie selbst bewohnen, dann achten Sie natürlich darauf, dass diese möglichst gut erhalten bleibt. Auch die meisten Mieter erhalten die gemietete Wohnung oder das Haus in einem guten Zustand, allein schon weil diese darin wohnen und sich wohlfühlen möchten. Doch es gibt auch eine kleine Anzahl an Mietern, die nicht so sorgfältig mit den anvertrauten Räumen und der Ausstattung umgehen – schlicht und einfach weil es sich nicht um die eigenen Sachen handelt. Deshalb ist es nicht verkehrt, wenn Sie bei vermieteten Immobilien von einem höheren Renovierungs- und Sanierungsbedarf ausgehen als bei selbst genutztem Wohnraum. Ein besonders extremer Fall sind die sogenannten „Messies" oder Mietnomaden, die auch in den verschiedensten Medienbeiträgen immer häufiger thematisiert werden und mittlerweile sogar ganze TV-Sendungsformate zur besten Sendezeit einnehmen. Eines vorneweg:

Solche Fälle sind immer noch sehr selten und betreffen nur relativ wenige Vermieter. Doch gerade für diejenigen Vermieter, bei denen doch einmal ein Mietnomade oder sogar eine ganze solche Familie eingezogen ist, sind die Folgen eine reine Katastrophe. Zu den fast schon üblichen Mietausfällen kommt oft noch ein gehöriger Schaden an der Wohnung hinzu. In glücklicheren Fällen ist die Wohnung einfach nur vermüllt und dreckig, aber nach einer gründlichen Reinigung wieder benutzbar. Doch auch schwerere Schäden werden immer häufiger: Einrichtung und Böden sind zerstört, hinzu kommen teilweise auch Wasserschäden und Schimmelbefall und wenn Tiere im Spiel sind, gibt es oft noch ein Geruchs- und Hygieneproblem. Die Gründe, dass ein Mieter seine Wohnung vollkommen vernachlässigt sind sehr vielfältig, am häufigsten dürften das persönliche Schicksalsschläge und Suchtprobleme sein, nur bei den wenigsten steckt wirklich Absicht oder gar System dahinter. Auch hierbei gibt es für Sie als Vermieter keinen hundertprozentigen Schutz, aber immerhin eine sinnvolle Möglichkeit, Mietnomaden zu identifizieren: Es genügt meist, den vorherigen Vermieter zu kontaktieren – wenn Ihre potentiellen Mieter notorische Mietnomaden sind, von ihm werden Sie das mit Sicherheit erfahren. Wenn Sie sich unsicher sind, ob Sie das richtige Gespür dafür haben, einen passenden Mieter zu suchen, Sie können sich auch an einen erfahrenen Immobilienmakler Ihres Vertrauens wenden, der das für Sie übernimmt. Ein guter Immobilienmakler verfügt über genug Erfahrung und Menschenkenntnis, um aus den verschiedenen Interessenten eine zuverlässige Vorauswahl zu treffen, für die er in begrenztem Ausmaß sogar haftbar gemacht werden kann. Ein weiterer, nicht zu unterschätzender Grund für die Einschaltung eines Immobilienmaklers ist, dass dieser auch die unangenehmen Fragen mit den Interessenten klärt. Dieser Stressfaktor bleibt Ihnen dadurch erspart. Zudem ist die Beauftragung für den Vermieter kostenfrei – in der Regel trägt der Mieter die Provision.

Für Anleger werden auch vielfältige „Rundum-Sorglos-Immobilien" angeboten. Dabei erwerben Sie in der Regel eine vermietete Eigentumswohnung von spezialisierten Firmen, wie Bauträgern, Anlagegesellschaften, Projektentwicklungsgesellschaften usw. Der Vorteil für Sie ist dabei, dass Sie damit eine bereits vermietete Immobilie anhand bereits vorliegender Prognoserechnungen erwerben können. Oft wird auch gleich eine passende Finanzierung mit angeboten. Manche Angebote sind tatsächlich durchaus attraktiv, doch sehr oft werden solche Angebote zu unüblichen Preisen und mit unrealistischen Prognoserechnungen verkauft. Da es hierbei um viel Geld geht und niemand etwas zu verschenken hat, sollten Sie solche Angebote auf Herz und Nieren prüfen, sich auf jeden Fall ein persönliches Bild vor Ort machen, auch wenn Sie dafür weit reisen müssten und gegebenfalls einen unabhängigen Experten aufsuchen.

Offene Immobilienfonds

Offene Immobilienfonds sind eine unkomplizierte Möglichkeit, mit der auch Kleinanleger mit geringen Beträgen in Immobilien investieren können. Diese sind vom Prinzip her Investmentfonds, die ihr Anlagevermögen in verschiedene Immobilien investieren. Zielobjekte sind dabei vor allem große Gewerbeobjekte, wie Bürogebäude, Einkaufszentren, Hotels und vieles mehr. Wohnimmobilien spielen bei den meisten offenen Immobilienfonds eine untergeordnete Rolle. Über viele Jahre hinweg haben sich die offenen Immobilienfonds als eine stabile und sichere Anlageform bewährt, bis im Zuge der internationalen Finanzkrise die gesamte Branche in eine schwere Krise rutschte. Viele Fonds mussten geschlossen und einige wenige sogar komplett abgewickelt werden. Um die Immobilienfondsbranche zu stabilisieren wurden die gesetzlichen Vorschriften verschärft: Offene Immobilienfonds können erst nach einer Mindesthaltedauer von 2 Jahren zurückgegeben werden (bis zu 30.000€ pro Halbjahr sind als Ausnahmeregelung auch kurzfristig möglich) und es bietet sich oft auch die Möglichkeit, Fondsanteile an der Börse zu handeln, jedoch dann zu teilweise deutlich abweichenden Kursen. Seit 2008 hat die gesamte Anlageklasse viel Vertrauen verspielt, doch neuerdings häufen sich auch erfreuliche Meldungen über erfolgreiche Objektverkäufe und -vermietungen bei einigen Fonds. Doch ob die Reformen ausreichen, dass das Anlegervertrauen wieder zunimmt und die Anlageklasse zu den alten Glanzzeiten zurückfinden kann, wird letztendlich nur die Praxis belegen können.

Geschlossene Immobilienfonds

Geschlossene Immobilienfonds sind in erster Linie Unternehmensbeteiligungen. Dabei beteiligen Sie sich an einem speziellen Unternehmen, dessen Unternehmensvermögen aus einer oder mehreren Immobilien besteht. Als Anleger sind Sie an den Gewinnen und auch den Verlusten dieser Gesellschaft beteiligt. Mit geschlossenen Immobilienfonds können Privatanleger mittelbar in bestimmte Immobilien und Projekte investieren, die sonst nur professionellen Großinvestoren vorbehalten sind.

Für jeden geschlossenen Immobilienfonds wird ein umfangreicher Verkaufsprospekt veröffentlicht. In diesem Verkaufsprospekt sind nicht nur die Funktionsweise und die rechtlichen und steuerlichen Auswirkungen für Sie dargestellt, es werden auch in einem eigenen Abschnitt alle relevanten Risiken für die Anleger beschrieben. Wenn Sie mit dem Gedanken spielen, einen geschlossenen Immobilienfonds zu zeichnen, sollten Sie unbedingt den Verkaufsprospekt gründlich lesen. Denn nur so können Sie eine solche Anlage auch wirklich nachvollziehen und richtig einschätzen. Lassen Sie sich auch nicht vom großen Umfang eines Verkaufsprospektes abschrecken, es könnte sich im Nachhinein womöglich rächen, wenn Sie diese ausführlichen Informationen nicht nutzen.

Die meisten geschlossenen Immobilienfonds investieren in ein einzelnes Großobjekt, das langfristig vermietet wird. Sie als Anleger erhalten dann jährliche Ausschüttungen, deren voraussichtliche Höhe in einer Prognoserechnung dargestellt ist.

Die Risiken eines geschlossenen Immobilienfonds können sich stark unterscheiden, das hängt neben vielen weiteren Faktoren, wie Lage, Zweck und Zustand des Objektes, der Beteiligungskonzeption, möglichen Fremdkapitalfinanzierungen auch von den jeweiligen steuerlichen und rechtlichen Gegebenheiten und den Kosten der Beteiligung ab. Da geschlossene Immobilienfonds zunächst einmal unternehmerische Beteiligungen sind und Unternehmen auch pleitegehen können, sollten Sie immer die Möglichkeit eines Totalverlustes im Hinterkopf behalten. Bei bestimmten, wenn auch selten umgesetzten Rechtsformen, wie GbR und OHG, kann es sogar passieren, dass Sie im Falle einer Pleite mit ihrem gesamten Privatvermögen haften. Doch üblicherweise beteiligen Sie sich als Kommanditist an einer KG und Ihre Haftung bleibt auf Ihre Einlage begrenzt.

Geschlossene Fonds haben meist eine feste vereinbarte Laufzeit, die meist zwischen 5 und 20 Jahren liegt. Üblicherweise wird am Ende dieser Laufzeit die Immobilie veräußert, das Unternehmen aufgelöst und das Vermögen anteilig an die einzelnen Anleger ausgezahlt. Vor dem Ende der Laufzeit ist es normalerweise nicht vorgesehen, dass die Einlage gekündigt und zurückgezahlt werden kann – schließlich ist das Anlagekonzept auch langfristig ausgerichtet. Das bedeutet, dass es nahezu unmöglich ist, vorzeitig an die investierten Mittel zu gelangen. Es gibt zwar einen Zweitmarkt für viele solcher Beteiligungen, doch dort gibt es keine Gewähr, dass sich ein Käufer zu einem fairen Preis finden lässt. Deshalb sollten nur solche Beträge in geschlossene Immobilienfonds investiert werden, die für die gesamte Laufzeit auch wirklich entbehrlich sind.

Geschlossene Immobilienfonds sind sehr kostenintensive Produkte: Ein nicht geringer Teil der Anlegergelder muss für die verschiedensten Kosten aufgewendet werden. Folglich fließt nicht der gesamte Anlagebetrag in das Zielobjekt. Es fallen unter anderem Kosten für Konzeption, Marketing, Beratung, Vertrieb und die laufende Verwaltung an. Angaben des Analysehauses Scope zufolge liegen die Weichkosten – also die Kosten, die nicht direkt mit dem Anlageobjekt in Verbindung stehen – bei 15% bis 18% des Eigenkapitals, die zusätzlich vom Investment wieder erwirtschaftet werden müssen.

Alternativ gibt es auch Beteiligungsangebote kleinerer Nischenanbieter, die nicht mit dem Strom der etablierten Branchengrößen schwimmen und auch recht interessante Konzepte bieten. Mitunter verzichten diese auf einen eigenen Vertrieb, so dass dadurch die Kosten deutlich niedriger sind als beim durchschnittlichen Beteiligungsangebot. Auch bei vielen, oft kritisierten Aspekten, wie den festen Laufzeiten und der starren, unflexiblen Anlagestrategie der meisten Fonds gibt es kleinere Nischenanbieter, die in einzelnen oder mehreren Punkten innovative Möglichkeiten eröffnen. Da die Angebote solcher kleiner Fonds über keine Vergangenheitsreferenzen verfügen und sich in der Branche auch viele schwarze Schafe tummeln ist Vertrauen ein sehr wichtiger Faktor. Scheuen Sie sich daher nicht, den direkten Draht zum Anbieter zu suchen und sich persönlich ein Bild zu machen.

Zusammengefasst sind Immobilien eine beliebte und weitverbreitete Form, für das Alter vorzusorgen, die vielfältige Möglichkeiten eröffnet. Sehr viele Ruheständler wohnen heutzutage bereits mietfrei im eigenen Eigentum oder haben ein regelmäßiges Zusatzeinkommen dank einer vermieteten Immobilie. Dies belegt die Vorteile und den Nutzen einer Immobilie, wenn die Planung auch tatsächlich aufgeht. Doch für viele endete der Traum vom eigenen Heim in einem regelrechten Alptraum. Deshalb sollten Sie sich über die Folgen und Risiken einer Immobilie genau informieren und gerade bei kreditfinanzierten Immobilien besser etwas bescheidener bleiben und nicht zu viel wagen. Die verschiedenen Formen der Kapitalanlage mit Immobilien sollten Sie nur dann erwerben und abschließen, wenn das Konzept klar und nachvollziehbar ist und Sie die Chancen und Risiken sorgfältig eingeschätzt und abgewogen haben.

Altersvorsorge in der Praxis – eine Anleitung

Im bisherigen Verlauf dieses Buches haben Sie nun die wichtigsten Möglichkeiten der Altersvorsorge kennengelernt, angefangen bei der staatlich geförderten Altersvorsorge, über die Produkte ohne Förderungen, bis hin zum regelrechten Klassiker: Der Immobilie. Dieser Überblick war sicherlich sehr informativ und hilfreich und Sie sollten sich allgemein nun recht gut auskennen. Doch zwei sehr wichtige Fragen blieben bisher weitestgehend offen: Was ist jetzt tatsächlich zu tun, damit Sie optimal für das Alter vorgesorgt sind? An wen sollte ich mich wenden, wenn ich noch offene Fragen habe?

Die einfachste Möglichkeit wäre es, wenn Sie mit Ihrem neu gewonnenen Wissen einen Experten Ihres Vertrauens mit der Altersvorsorgeplanung beauftragen. Dieser übernimmt die Analysen und die Produktauswahl für Sie und am Ende haben Sie Ihre Wunsch-Altersvorsorge. In diesem Kapitel finden Sie eine Übersicht über die verschiedenen Arten und Formen der Finanzberatung und eine Checkliste, wie Sie einen professionellen und seriösen Vermittler erkennen können. Deutlich umständlicher ist es dagegen, wenn Sie Ihre Altersvorsorgeplanung in die eigene Hand nehmen. Der Vorteil bei dieser Vorgehensweise ist, dass Sie den Überblick behalten und bei den allgemeinen Fragen und Problemstellungen kaum Probleme oder Unstimmigkeiten auftreten sollten – schließlich kennen Sie selbst Ihre eigene Situation am besten. Doch es besteht dafür eventuell die Gefahr, dass sich dann bei den einzelnen (Produkt-)Details kleinere oder größere Fehler einschleichen können, wenn Sie kein Fachmann sind.

Wie so oft im Leben ist es auch hier die goldene Mitte, mit der Sie wohl am besten Ihre Altersvorsorgeplanung zum Erfolg führen können: Dabei würden Sie selbst das allgemeine Konzept nach Ihren Wünschen planen und dementsprechend vorbereitet können Sie sich für die verbleibenden Details an einen Experten wenden.

Altersvorsorge in 6 Schritten

Ein funktioniertes Altersvorsorgekonzept benötigt System. Wenn Sie einfach nur irgendein aus der Werbung bekanntes Produkt abschließen, machen Sie nicht unbedingt etwas falsch. Doch ob dieses Produkt dann einen echten Nutzen bietet und auch wirklich für Sie persönlich passt, hat dann mehr mit Glück, als einem echten Konzept zu tun.

Ihre private Altersvorsorge ist eine Lebensaufgabe und erstreckt sich über Jahrzehnte. Eine einmal getroffene Entscheidung lässt sich nach einigen Jahren nicht mehr korrigieren und grobe Fehler können am Ende richtig teuer werden. Deshalb ist es wichtig, bei der Altersvorsorgeplanung strategisch vorzugehen. Nehmen Sie sich die nötige Zeit und machen Sie sich die Mühe, sich Schritt für Schritt dem endgültigen Vorsorgekonzept anzunähern.

Schritt eins: Vergessen Sie die Risikoabsicherung nicht

Eine private Altersvorsorge kann nur dann aufgebaut werden, wenn Sie ein regelmäßiges Einkommen haben, aus dem Sie die monatlichen Sparbeiträge leisten können und auch Ihr Vermögen vor den wichtigsten Risiken geschützt ist. Ihr Einkommen und Ihr derzeitiges Vermögen sind das Fundament, auf dem Sie Ihre Altersvorsorge bauen, deshalb sollte es in Ihrem Interesse liegen, dieses auch zu bewahren und zu schützen. Worauf es besonders ankommt, haben Sie im ersten Teil dieses Buches kennengelernt.

Schritt zwei: Kennen Sie Ihren Bedarf

Der Ausgangspunkt einer Altersvorsorgeplanung ist der Bedarf, also Ihre Altersvorsorgelücke. Selbstverständlich ist diese nicht einfach zu ermitteln und auch nicht hundertprozentig exakt, dennoch ist diese eine der wichtigsten Entscheidungsgrundlagen für eine sinnvolle private Altersvorsorge. Nutzen Sie die Hinweise aus dem ersten Teil des Buches und spielen Sie ein wenig mit den geschätzten Zahlen und Angaben.

Wenn Sie nun Ihre Rentenlücke, beziehungsweise Ihren Kapitalbedarf im Alter kennen, müssen Sie im Prinzip nur noch diejenigen Produkte und Instrumente wählen, mit denen Sie diese am wahrscheinlichsten schließen können.

Schritt drei: Planen Sie Ihren Immobilienbesitz ein

Wenn Sie nicht vorhaben, eine Immobilie fürs Alter zu erwerben, können Sie diesen Schritt überspringen.

Selbstbewohnte und auch vermietete Immobilien können die Rentenlücke spürbar reduzieren oder auch ganz schließen. Um zu erfahren, welchen Beitrag Ihre geplante Immobilie leistet, nehmen Sie einfach Ihre Bedarfsberechnung als Grundlage und berechnen diese erneut – doch diesmal inklusive der geplanten Immobilie. Bei einer selbstbewohnten Immobilie entfallen die Mieten bei den Ausgaben und es kommen dafür neue oder höhere Kosten für Modernisierungen und Nebenkosten hinzu. Bei vermieteten Immobilien erhalten Sie zusätzliche Einnahmen, müssen aber auch die Kosten für die Immobilie tragen und entsprechend einplanen. Im Endergebnis erhalten Sie nun eine neue Rentenlücke, bei der die Auswirkungen Ihrer geplanten Immobilie berücksichtigt sind.

Wenn das Ergebnis der Rentenlückenberechnung ist, dass Ihre Rentenlücke dank der Immobilie geschlossen ist, können Sie sich im Prinzip entspannt zurücklehnen und auf Ihren Ruhestand freuen. Vorausgesetzt natürlich, Ihre Immobilie ist auch nachhaltig finanziert. Weiterhin ist es stets empfehlenswert, dass Sie über eine finanzielle Rücklage für einen unerwarteten Geldbedarf verfügen.

Für viele jedoch wird erfahrungsgemäß die Rentenlücke durch eine Immobilie allein nicht vollständig geschlossen, sonder nur verkleinert. In diesem Fall sollten Sie noch eine zusätzliche private Vorsorge betreiben, um Ihren Bedarf im Alter decken zu können. Die neue Rentenlücke ist nun die Grundlage und Messlatte für die weiteren praktischen Schritte.

Schritt vier: Staatlich geförderte Altersvorsorge

Für viele ist die staatlich geförderte Altersvorsorge die attraktivste und günstigste Möglichkeit, für das Alter vorzusorgen. Doch, wie bereits ausführlich beschrieben, hat jede Form der geförderten Altersvorsorge ihre eigenen Vor- und Nachteile, so dass manche Vorsorgewege für Sie überhaupt nicht in Frage kommen könnten.

Zuerst sollten Sie prüfen, ob Sie überhaupt Anspruch auf die jeweilige staatliche Förderung haben. Dann sollten Sie die jeweiligen Eigenschaften und vor allem die Einschränkungen der einzelnen Vorsorgewege für sich selbst durchdenken und diejenigen streichen, die für Sie nicht akzeptabel sind. Bei den dann noch verbleibenden Möglichkeiten können Sie die verschiedenen Rechnungen anhand der „Musterversicherung" zu Hilfe nehmen, um zu sehen, wo Sie den größten finanziellen Vorteil haben. Dieser Vorsorgeweg ist dann im Normalfall der für Sie passende. Da jeder seine persönlichen Wünsche und Vorlieben hat und auch die finanzielle Ausgangslage unterschiedlich ist, kann im Rahmen dieses Buches leider keine genauere Empfehlung gegeben werden, da es immer auf die jeweiligen Vorsorgeziele und die persönlichen Umstände ankommt.

Für den jeweiligen Vorsorgeweg können Sie sich nun konkrete Angebote bei den verschiedenen Produktanbietern einholen oder auch einholen lassen, am besten mehrere verschiedene, um diese untereinander vergleichen zu können. In den verschiedenen Produktangeboten finden Sie neben den Bedingungen auch Modellrechnungen, wie hoch die lebenslange Rente bzw. eine mögliche Kapitalzahlung voraussichtlich sein kann. Normalerweise gibt es bei allen staatlich geförderten Produkten einen garantierten Wert und darüber hinaus verschiedene Szenarien, die je nach Produkt und Kapitalmarktentwicklung unterschiedlich sind. Wählen Sie das Szenario, das für Sie am wahrscheinlichsten erscheint und kalkulieren Sie lieber etwas vorsichtiger, dies kann dann auch die garantierte Leistung sein, wenn

Sie auf Nummer sicher gehen wollen. Passen Sie dann die Beiträge und Leistungen im Rahmen der Fördergrenzen so an, dass bei Ihrem gewählten Szenario die Vorsorgelücke geschlossen wird. Nun haben Sie den passenden Vorsorgeweg und das richtige Produkt in der passenden Höhe gefunden. Doch um sich wirklich sicher zu sein sollten Sie vor einem übereilten Abschluss nochmals erneut durchdenken, ob die gewählte Vorsorge wirklich für Sie geeignet ist und auch zu Ihren Wünschen und Vorstellungen passt.

Sollte dann Ihre Rentenlücke immer noch nicht vollständig geschlossen sein – zum Beispiel weil es Höchstgrenzen gibt – oder weil Sie nicht auf nur ein einziges Produkt setzen wollen, dann können Sie diesen Schritt einfach wiederholen. Denn grundsätzlich können Sie die verschiedenen Vorsorgeformen auch gleichzeitig abschließen. Wenn sich bei der staatlich geförderten Altersvorsorge keine Möglichkeiten mehr bieten oder diese einfach zu unattraktiv sind, dann steht Ihnen immer noch die enorme Vielfalt der nicht geförderten Anlageformen und Vorsorgeprodukte zur Verfügung.

Schritt fünf: Nicht geförderte Altersvorsorge

Wenn Sie die Möglichkeiten der staatlich geförderten Altersvorsorge bereits ausgeschöpft haben oder gar nicht ausschöpfen möchten, dann kann der Rest der Rentenlücke mit den verschiedensten weiteren Produkten geschlossen werden. Die Bandbreite der Ihnen offenstehenden Anlagemöglichkeiten ist nahezu endlos und es fällt dabei auch erfahrenen Anlegern nicht immer leicht, den Überblick zu behalten.

Folgende Vorgehensweise hat sich in der Praxis bewährt:

• Definieren Sie klare Anlageziele: Bei der Altersvorsorge ist das in erster Linie, die Rentenlücke zu schließen. Der dafür nötige Kapitalbetrag sollte demnach Ihr Sparziel sein. Doch sie sollten sich auch festlegen, wie flexibel und wie liquide Ihre Anlage sein sollte.

• Machen Sie sich Gedanken über das Thema Risiko und wie Sie persönlich mit Risiken umgehen. Hilfreiche Ansatzpunkte finden Sie, wenn Sie sich folgende Fragen stellen: Bei welchen Anlageformen habe ich schon Kenntnisse und Erfahrungen gesammelt und bei welchen nicht? Habe ich Rücklagen, falls meine Anlagestrategie nicht wie erwartet abschneidet? Was ist der höchste Verlust, den ich finanziell verkraften könnte? Wie lange darf eine Verlustperiode dauern, ohne dass ich unüberlegte Maßnahmen ergreife? Ab welchem Verlust fange ich an, nervös zu werden? Ab welchem Verlust gerate ich in Panik? Was tue ich, falls die Verluste meine persönliche Schmerzgrenze erreichen sollten? Was passiert, wenn die Gesamtanlage zwar normal verläuft, einzelne Bestandteile aber deutlich im Minus sind?

Wenn Sie über diese Fragen gründlich nachgedacht und diese auch ehrlich beantwortet haben, dann sind Sie Ihrer persönlichen Risikobereitschaft und Ihrer Anlegermentalität schon sehr gut auf den Grund gegangen.

•   Nun müssen Sie sich nur noch auf eine Anlagestrategie und die jeweiligen Produkte festlegen, die zu Ihrer Risikobereitschaft passen. Wenn Sie sich dabei unsicher sind, ist es ratsam, sich an einen Anlageberater zu wenden, der Sie dabei fachlich und tatkräftig unterstützt.

•   Zu guter Letzt müssen Sie noch den Sparbetrag bestimmen, mit dem Sie die Rentenlücke schließen können. Zur Orientierung können Sie die Werte aus Tabelle 6 auf der nächsten Seite zu Hilfe nehmen. Die Kombination aus der Spardauer in Jahren bis zum Ruhestand und der Rendite, die Sie erwarten, ergibt den Beitrag, den Sie monatlich sparen müssten, um am Ende ein Kapital von 100.000 Euro zu erhalten.

Bei Betrachtung der nachfolgenden Tabelle 6 wird auch ein vielbe-kannter Zusammenhang sehr deutlich: Je früher Sie beginnen zu sparen, desto länger kann Ihr Geld arbeiten und umso weniger müssen Sie für Ihr Sparziel aufwenden. Wenn Sie noch 30 Jahre bis zum Ruhestand Zeit haben und Sie bei einem Zins von 5% ein Kapital von

250.000€ ansparen möchten, dann müssten Sie monatlich 300€ beiseitelegen. Wenn Sie jedoch ein Jahr warten, dann sind schon 320€ und bei 2 Jahren Verspätung sogar 342€ nötig um das gleiche Endkapital zu erhalten. Gerade bei einer so langfristigen Vermögensfrage, wie der privaten Altersvorsorge, ist es sehr ratsam, früh zu beginnen. Auch kleinere Beträge können dann im Laufe der Jahre, dank des Zinseszinses, auf ein ansehnliches Vermögen wachsen.

Tabelle 6
monatlicher Sparbetrag für einen Kapitalbetrag von 100.000€

Rendite / Jahre	3%	4%	5%	6%	7%	8%	9%
10	716€	679€	644€	610€	578€	547€	517€
15	441€	406€	374€	344€	315€	289€	264€
20	305€	273€	243€	216€	192€	170€	150€
25	224€	195€	168€	144€	123€	105€	89€
30	172€	144€	120€	100€	82€	67€	55€
35	135€	109€	88€	70€	56€	44€	34€
40	108€	85€	66€	50€	38€	29€	21€

Quelle: Eigene Berechnungen

Auch die Rendite spielt eine große Rolle. Wenn Sie die Möglichkeit haben, dass Ihre Geldanlage um ein Prozent jährlich besser abschneidet, klingt das zunächst nicht sehr bedeutend. Ein Prozent mehr oder weniger – was soll das schon ausmachen? Eine Menge! Wenn Sie eine monatliche Anlage von 100€, die bisher 3% erwirtschaftete, so optimieren, dass diese nun 5% jährlich abwirft, dann haben Sie nach 30 Jahren knapp 25.000€ mehr zu Verfügung (83.226€ statt 58.274€).

Wenn Sie den Sparbetrag für Ihren Zeithorizont und die Zielrendite entsprechend gewählt haben, sollte im Endergebnis Ihre Rentenlücke geschlossen sein, sofern sich die geplante Wertentwicklung auch tatsächlich einstellt. Rechnen Sie daher nur mit realistischen Renditen und bleiben Sie besser etwas vorsichtiger und bescheidener, um Ihr Versorgungsziel nicht wegen einer falschen Renditeerwartung zu gefährden.

Vergessen Sie auch nicht, Ihre Anlagestrategie regelmäßig zu überprüfen. Die Finanzmärkte verändern sich ständig, deshalb sollten Sie alle paar Jahre die gesamte Anlagestrategie auf den Prüfstand stellen, ob diese noch zeitgemäß ist. Zudem sollte mindestens einmal im Jahr geprüft werden, ob die Zusammensetzung der Anlage noch korrekt ist. Besonders bei Wertpapierdepots kommt es öfter vor, dass die gesamte Anlageaufteilung durch Ausschüttungen, Kursgewinne und -verluste bei den einzelnen Werten stark von der anfänglichen Zusammensetzung abweichen kann.

Schritt sechs: Das Puzzle zusammenfügen

Am Ende sollten Sie die passenden Produkte in der jeweils richtigen Höhe ausgewählt haben und Ihre Rentenlücke sollte damit geschlossen sein. Doch es kann immer wieder vorkommen, dass man sich verrechnet oder etwas übersieht und bei einer so langfristigen Angelegenheit, wie der Altersvorsorge kann über die Jahre auch ein kleiner Fehler zu einem großen Schaden führen. Um nochmals auf Nummer sicher zu gehen, sollten Sie die Bedarfsberechnung aus dem ersten Abschnitt ein letztes Mal inklusive aller geplanten Produkte durchrechnen. Wenn dann Ihre Rentenlücke tatsächlich verschwunden ist, können Sie sich zu Ihrer Leistung beglückwünschen: Sie haben sich Ihr eigenes Altersvorsorgekonzept erstellt und müssen dieses nur noch in die Praxis umsetzen – also die jeweiligen Produkte abschließen.

Expertenrat: Der richtige Partner

Die Thematik der privaten Altersvorsorge ist sehr komplex, wenn man sich einmal etwas genauer damit beschäftigt. Dies fängt bereits bei der Bedarfsermittlung an, dann gibt es die verschiedenen Formen der staatlich geförderten Vorsorge, wobei für jeden deutliche Unterschiede bei den Vorzügen und Nachteilen bestehen. Zu guter Letzt müssen Sie sich noch auf eine Anlagestrategie und ein konkretes Produkt festlegen.

Nur wenige Privatpersonen haben die dafür nötigen umfassenden Kenntnisse und die Geduld, viel Zeit und Mühe für die Ruhestandsplanung aufzuwenden. Da die nötigen Produkte ohnehin irgendwo abgeschlossen werden müssen, wenden sich die meisten Verbraucher früher oder später an einen externen Experten, Berater oder Vermittler. In diesem kurzen Exkurs wird Ihnen die Dienstleistungslandschaft in Deutschland kurz vorgestellt und Sie erhalten ein paar Tipps, wie Sie sich gezielt auf ein Beratungsgespräch vorbereiten können.

Wie erkennt man einen seriösen Finanzexperten?

Ganz gleich, bei wem Sie letztendlich professionellen Rat suchen – eine Finanzberatung ist eine persönliche Angelegenheit und das Ergebnis hängt sehr vom jeweiligen Berater ab. Je nachdem, wie ernst dieser Ihr Anliegen und seine Aufgaben nimmt, ist das Ergebnis entweder zielführend oder wertlos. Dabei ist es natürlich hilfreich, wenn der Experte unabhängig ist und keine schwerwiegenden Interessenkonflikte hat. Doch ganz gleich, in welchem Verhältnis der Experte zu Ihnen und den Produktgebern steht, es kommt in erster Linie auf die Person an und ob dieser Sie aufrichtig beraten oder Ihnen nur ein Produkt verkaufen möchte.

Der Unterschied zwischen Berater und Verkäufer

- Ein Berater nimmt sich Zeit: Ein vollständiges Altersvorsorgekonzept ist nicht in einer Stunde erstellt und erklärt. Normalerweise sind mehrere Beratungstermine nötig, die je nach Sachverhalt auch vier Stunden oder mehr dauern können.

- Ein Berater fragt Sie nach Ihrer Situation, Ihren Wünschen, Plänen und Vorlieben. Nur wenn ein Berater Sie, Ihre Situation und Ihre Einstellung zu den verschiedensten finanziellen Dingen kennt, kann er Ihnen eine zutreffende und passende Lösung empfehlen.

- Ein Berater hat keine fertigen Angebote in der Schublade. Eine gute Empfehlung benötigt (außer bei einfachen Angelegenheiten) eine umfassende Analyse Ihres persönlichen Bedarfs und der verschiedenen Produktangebote. Das perfekte Produkt, das uneingeschränkt für alle passt, kann es einfach nicht geben.

- Ein Berater setzt Sie nicht unter Druck. Sie sollten grundsätzlich immer die Gelegenheit bekommen, alles noch einmal durchzudenken. Wenn keine unaufschiebbaren Fristen drohen, gibt es auch keinen Grund, Sie sofort zu einem Abschluss und einer Unterschrift zu drängen.

An wen können Sie sich wenden – eine Übersicht

Grundsätzlich gibt es sechs verschiedene Stellen, bei denen Sie Rat suchen können: Banken, Versicherungsvertreter, Versicherungsmakler, Versicherungsberater, die Verbraucherzentralen und Anlageberater.

Finanzberatung bei Banken:

In verschiedenen Tests, Beiträgen und Veröffentlichungen von Verbraucherschutzorganisationen und anderen Medien schneidet die Beratung bei Banken eher schlecht ab. Doch warum ist das so? Wie jedes andere Unternehmen auch, soll eine Bank in erster Linie Gewinne erwirtschaften und die größten Gewinne werfen nunmal Finanzprodukte mit hohen Gebühren ab – vorzugsweise die hauseigenen Produkte. Aufgrund dieser Interessenlage ist eine Bank vielmehr am Verkauf der eigenen Produkte als an einer umfassenden und unabhängigen Beratung interessiert. Seit den zahlreichen Schadensersatzforderungen im Zusammenhang mit der internationalen Finanzkrise und dank einer verschärften gesetzlichen Regulierung hat jedoch ein Umdenken eingesetzt und die Beratungsphilosophie und die Anreize für die Bankberater haben sich weg vom Verkauf und hin zu einer kundenorientierten Beratung bewegt. Auch eine Beratung bei einer Filialbank kann eine sehr hohe Qualität im Interesse des Kunden bieten, das hängt unter anderem von der Ausrichtung der Bank und des einzelnen Beraters ab und wie kritisch Sie als Kunde mit ihrem Bankberater sind.

Die Produktauswahl an Vorsorgeprodukten ist im Rahmen der Finanz- und Bankprodukte mehr als ausreichend, im Versicherungsbereich jedoch stark eingeschränkt – es wird oft nur mit einer einzigen oder einigen wenigen Versicherungsgesellschaften zusammengearbeitet.

Versicherungsvertreter:

Der klassische Versicherungsvertreter arbeitet für eine einzelne Versicherungsgesellschaft und hat den Auftrag, deren Produkte zu vermitteln. Daraus folgt natürlich, dass die Produktauswahl auf diese Versicherungsgesellschaft beschränkt ist. Der große Vorteil beim Versicherungsvertreter ist, dass dieser die angebotenen Tarife und die einzelnen Abläufe im Unternehmen seit Jahren kennt und eine Beratung zumindest für die eigene Produktpalette keine Wünsche offen lassen sollte.

Es gibt auch Vertreter, die für mehrere Versicherungen gleichzeitig tätig sind – Mehrfachagenten genannt. Diese können eine breitere Produktpalette anbieten als der Einzelvertreter.

Versicherungsmakler:

Versicherungsmakler sind, anders als Vertreter, an kein Versicherungsunternehmen gebunden. Vielmehr ist der Kunde der Auftraggeber des Maklers und dessen Aufgabe ist es, aus der breiten Auswahl des Versicherungsmarktes das jeweils bestmöglich passende Angebot zu finden. Dementsprechend steht ein Versicherungsmakler auf der Seite des Kunden und ist ein „treuhänderischer Sachwalter" der Interessen seiner Kunden, was auch in einem höchstrichterlichen BGH-Urteil so bestätigt wurde. Versicherungsmakler sind verpflichtet, Sie über alle relevanten Risiken und Deckungslücken zu befragen und zu informieren. Bei schuldhaften Beratungsfehlern kann ein Versicherungsmakler deshalb auch einfacher für diese haftbar gemacht werden. Insgesamt kann bei einem Versicherungsmakler eine große, umfassende Produktauswahl und eine fundierte Beratung erwartet werden, da dieser sonst schadensersatzpflichtig gegenüber dem Kunden wird. Die Vermittlung der jeweiligen Versicherungsprodukte und die Beratung dazu sind üblicherweise kostenlos, da der Versicherungsmakler seine Vergütung direkt vom Versicherungsunternehmen als Provision erhält.

Versicherungsberater oder Honorarberater:

Der Versicherungsberater mit einer Erlaubnis nach §34e GewO erhält keine Vergütung von den Versicherungsgesellschaften, sondern ein Honorar vom Kunden für seine Beratungsleistungen. Dieses wird oft nach Stundensätzen oder pauschal abgerechnet. Der Vorteil dabei liegt darin, dass keinerlei Vertriebsinteressen die Entscheidung und den Rat des Versicherungsberaters beeinflussen. Echte Versicherungsberater sind als solche im Vermittlerregister als Versicherungsberater nach §34e GewO registriert. Als hochqualifizierte Spezialisten sind Versicherungsberater nicht immer billig, besonders komplexe Sachverhalte benötigen viel Zeit, bis diese vollständig analysiert sind – dementsprechend hoch kann auch das Honorar ausfallen.

Die sogenannten Honorarberater haben sich ein relativ neues Tätigkeitsfeld gewählt und sind keine echten Versicherungsberater gemäß §34e GewO, sondern in der Regel Versicherungsmakler oder andere Finanzdienstleister, die auf Honorarbasis Versicherungen und andere Finanzprodukte vermitteln. Auch diese rechnen ein Honorar mit den Kunden ab und verzichten dafür auf die Vermittlungsprovisionen von den Versicherungsgesellschaften. Bei den angebotenen Versicherungsprodukten sind in der Regel keine Abschlussprovisionen vorgesehen, so dass die Beiträge günstiger bzw. die Leistungen oder Altersrenten höher sind. Derzeit existiert noch kein verbindliches Berufsbild für den Honorarberater, die zuständigen Ministerien arbeiten jedoch daran.

Verbraucherzentralen:

Die Verbraucherzentralen bieten gegen Gebühr Beratungen zu nahezu allen finanziellen Themen an. Verbraucherzentralen haben sich dem Schutz der Verbraucher verschrieben und sind unabhängig von den jeweiligen Produktgebern. Doch deshalb zu glauben, dass diese die beste Beratung bieten, ist nicht immer zutreffend. Das Vermittlerrecht bei der Finanzberatung hat sich in den letzten Jahren deutlich zugunsten der Verbraucher gewandelt, doch ist die Beratung bei den Verbraucherzentralen davon nicht erfasst: Im Gegensatz zu den anderen vorgestellten Experten gibt es keine verbindliche Mindestqualifikation der jeweiligen Berater und eine Vermögensschadenhaftpflichtversicherung ist auch nicht vorgesehen. Die Verbraucherzentralen haben viele Mängel in der Finanzbranche aufgedeckt und kritisiert, doch selbst werden diese ihren eigenen Ansprüchen oft nicht gerecht. Laut einem Test der Fachzeitschrift „procontra" waren die Beratungen teilweise verheerend. Neben manchen Schwächen in den Beratungen wurde dabei bemängelt, dass die Beratung bei einer Verbraucherzentrale nicht dokumentiert werden muss und dadurch etwaige Schadensersatzforderungen aufgrund einer Falschberatung kaum nachzuweisen sind. Bei allen normalen Produktvermittlern ist eine Dokumentation der Beratung dagegen Pflicht.

Auch wenn die Absichten der Verbraucherzentralen noch so ehrenhaft sind, eine komplexe finanzielle Angelegenheit in einem einstündigen Beratungstermin zu klären, ist schlicht nicht möglich. Wenn Sie sich bei einer Verbraucherzentrale beraten lassen möchten, sollten Sie daher mehrere Termine einplanen.

Anlageberater:

Bei der Altersvorsorge im Allgemeinen kommt man zwar nicht um Versicherungsprodukte herum, doch gerade bei der ungeförderten Altersvorsorge können Sie sich ein zielführendes Vorsorgekonzept zusammenstellen, ohne eine Police dafür abschließen zu müssen. Für die erdrückende Auswahl an Anlageprodukten und -konzepten gibt es den

Anlageberater bzw. -vermittler als Experten und Ansprechpartner. Es gibt einerseits die Anlageberater mit einer Erlaubnis nach §32 KWG, diese dürfen Sie zu allen erhältlichen Anlageprodukten beraten. Des Weiteren gibt es Anlageberater nach §34c GewO, bei denen diese Dienstleistung auf Investmentfonds begrenzt ist. Viele Versicherungsmakler und Mehrfachagenten haben zusätzlich zum Versicherungsgewerbe eine solche Erlaubnis zur Vermittlung von Investmentfonds, so dass Sie bei diesen fast alle Altersvorsorgeprodukte und auch die passende Beratung aus einer Hand erhalten können.

Wenn Sie sich bei der Geldanlage jedoch nicht auf Investmentfonds beschränken wollen, ist der erstgenannte Berater oder ein qualifizierter Bankberater der richtige Ansprechpartner.

Tipps für ein erfolgreiches Beratungsgespräch

Ganz gleich, welchem Finanzexperten Sie Ihr Vertrauen schenken, es lohnt sich immer, gut vorbereitet in ein Beratungsgespräch zu gehen. Insbesondere bei der privaten Altersvorsorge ist eine gute Vorsorgeberatung nur dann möglich, wenn auch Sie mitarbeiten und den Berater unterstützen, da dieser auf Ihre Angaben und Ihre Mithilfe angewiesen ist.

Dreh- und Angelpunkt der privaten Altersvorsorge ist der Vorsorgebedarf und die dazugehörige Rentenlücke. Damit ein Experte diese für Sie ermitteln kann, benötigt er auch die nötigen Informationen, wie die Höhe der gesetzlichen Rentenansprüche, bereits bestehende Vorsorgeprodukte, Ihre finanzielle Situation und Ihren gewünschten Lebensstandard im Alter.

Damit eine empfohlene Vorsorge auch zu Ihnen passt, muss der Berater bzw. Vermittler Sie und Ihre Pläne, Wünsche, Vorlieben und Abneigungen kennenlernen. Je mehr Gedanken Sie sich bereits im Vorfeld gemacht haben, was genau Sie wollen und – fast noch wichtiger – was Sie nicht wollen, desto einfacher machen Sie dem Experten seine Arbeit und es können sich weniger Fehler einschleichen.

Wenn Sie etwas nicht verstanden haben, fragen Sie nach. Es ist kein Geheimnis: Finanzprodukte sind manchmal sehr kompliziert. Doch ein guter Berater sollte in der Lage sein, alle angebotenen Produkte erklären zu können. Wenn Ihnen nach mehrmaligem Erklären ein Produkt dennoch nicht einleuchtend ist, dann kann das auch daran liegen, dass dieses schlicht zu kompliziert ist. Dann sollten Sie nach einfacheren Alternativen fragen oder Sie müssten der Empfehlung des Experten blind vertrauen können. Viele Probleme oder Streitigkeiten bei Finanzprodukten haben erfahrungsgemäß ihre Ursache darin, dass die betroffenen Kunden zu wenig über das Produkt und die jeweiligen Eigenschaften und Bedingungen Bescheid wussten.

Wenn Sie sich am Ende der Beratung geeinigt haben, welche Produkte in welcher Höhe und in welcher Ausgestaltung in Frage kommen und es dann um den Abschluss geht, dann müssen Sie nicht sofort unterschreiben. Gönnen Sie sich ruhig einen Tag Bedenkzeit, um alle Informationen und die Vor- und Nachteile gedanklich nochmals durchzugehen. Wenn dann noch Bedenken auftreten sollten, dann diskutieren Sie diese mit dem Berater und gerne auch einer weiteren Person Ihres Vertrauens.

Lassen Sie sich die Beratung dokumentieren. Jeder Vermittler, bei dem Sie ein Produkt abschließen, muss Ihnen eine schriftliche Beratungsdokumentation ausstellen. Dort finden Sie alle wichtigen Gesprächsinhalte, die Empfehlung des Beraters und die Gründe für diese Empfehlung. Im Falle von Streitigkeiten ist die Dokumentation ein wichtiges Beweismittel – Sie sollten daher stets auf einer schriftlichen Beratungsdokumentation bestehen.

Schlusswort

„Ich weiß, dass ich nichts weiß" – obwohl dieser Ausspruch des Sokrates bereits über 2.400 Jahre alt ist, hat dieser nicht an Aktualität verloren. In diesem Sinne sollten Sie das hier geschriebene nicht als unumstößliche Wahrheit auffassen, sondern vielmehr als nützliche Hilfestellung, um zu einer sinnvollen Ruhestandsplanung zu gelangen. Die private Altersvorsorge ist eine sehr individuelle Angelegenheit: Jeder Einzelne hat eine andere Ausgangssituation und unterschiedliche Ziele und Vorlieben. Es wirklich jedem Recht zu machen, dies kann und soll dieses Buch gar nicht leisten. Dazu würde allein schon der Platz nicht ausreichen.

Beim Verfassen dieses Buches stand ich vor der Herausforderung, alle nötigen Fakten möglichst verständlich darzustellen, so dass die meisten Leser sich damit eine gute Altersvorsorge zusammenstellen können. Natürlich funktioniert das nicht ohne Abstriche und Kompromisse. Ein vollständiges und für jeden zutreffendes Buch wäre nicht nur um einiges dicker geworden, sondern aufgrund der vielen Sonderfälle auch kaum noch lesbar gewesen. Für ein sehr leicht verständliches Buch wiederum, hätten einige anspruchsvolle Passagen gekürzt werden müssen – doch gerade bei diesen Feinheiten, die sonst dem Rotstift zum Opfer gefallen wären, passieren in der Praxis die meisten Fehler. Das Endergebnis ist nun ein Kompromiss aus Anspruch und Eingängigkeit.

Die jeweiligen Berechnungen – vor allem zum Thema der staatlich geförderten Altersvorsorge – sind lediglich Beispielberechnungen, die grundlegende Prinzipien und Auswirkungen darstellen sollen. Die Rechnungen und Ergebnisse sind zwar richtig berechnet, doch sind diese nur unter den dargestellten Bedingungen zutreffend. Bevor Sie anhand der dargestellten Werte und Rechnungen Ihre persönliche Altersvorsorge anpacken, kann es nie schaden, nochmals kurz nachzuprüfen, mit welchen Annahmen überhaupt gerechnet wurde. Gerade dort, wo Steuern und Sozialabgaben im Spiel sind, können sich deutliche Abweichungen ergeben.

Weiterhin sollte dieses Buch nur einen allgemeinen Überblick über das Thema und die Vorgehensweise liefern. Ich habe bewusst darauf verzichtet, auf konkrete Produkte oder bestimmte Produktanbieter einzugehen. Die Auswahl des richtigen Anbieters und des jeweiligen Produktes kann Ihnen kein Buch der Welt abnehmen – dafür ist allein schon die Auswahl zu groß. Sie kommen deshalb nicht umhin, sich verschiedene Angebote einzuholen und zu vergleichen, bzw. einen Experten damit zu beauftragen. Die Erfahrung hat mich gelehrt, dass es im Normalfall weder gute, noch schlechte Produkte, sondern vielmehr passende und nicht passende gibt.

Doch lassen Sie sich von diesen Worten nicht abschrecken. Die gröbsten Fehler, die bei der privaten Altersvorsorge auftreten, sollten Sie nun elegant umgehen können. Ich wünsche Ihnen viel Vergnügen, wenn Sie nun Ihre Vorsorge in die eigene Hand nehmen. Dies ist zwar eine zeitraubende und mühsame Tätigkeit, doch es lohnt sich und ich gönne Ihnen von Herzen das zufriedene Gefühl, wenn Sie dann über eine zielführende Altersvorsorge verfügen.

Notizen

Notizen